ACCESO GRATIS ***a la Lectura en la Nube***

Para visualizar el libro electrónico en la nube de lectura envíe junto a su nombre y apellidos una fotografía del código de barras situado en la contraportada del libro y otra del ticket de compra a la dirección:

ebooktirant@tirant.com

En un máximo de 72 horas laborales le enviaremos el código de acceso con sus instrucciones.

El cuento como recurso de mediación literaria
Primera parte

Recopilación de cuentos del programa "Leer para la vida en los Estados" del ciclo escolar 2022-2023

Procedimiento de selección de originales, ver página web:
www.tirant.net/index.php/editorial/procedimiento-de-seleccion-de-originales

Compilación y prólogo
Alfredo Lecona González

El cuento como recurso de mediación literaria

Primera parte

Recopilación de cuentos del programa "Leer para la vida en los Estados" del ciclo escolar 2022-2023

tirant humanidades
Ciudad de México, 2024

En caso de erratas y actualizaciones, la Editorial Tirant Humanidades publicará la pertinente corrección en la página web www.tirant.com.

© TIRANT HUMANIDADES
DISTRIBUYE: TIRANT HUMANIDADES MÉXICO
Av. Tamaulipas 150, Oficina 502
Hipódromo, Cuauhtémoc,
CP 06100, Ciudad de México
Telf: +52 1 55 65502317
infomex@tirant.com
www.tirant.com/mex/
www.tirant.es
ISBN: 978-84-1183-587-9
MAQUETA: Tirant lo Blanch

Si tiene alguna queja o sugerencia, envíenos un mail a: atencioncliente@tirant.com. En caso de no ser atendida su sugerencia, por favor, lea en *www.tirant.net/index.php/empresa/politicas-de-empresa* nuestro Procedimiento de quejas.

Responsabilidad Social Corporativa: *http://www.tirant.net/Docs/RSCTirant.pdf*

DIRECTORIO FEDERAL

C. Andrés Manuel López Obrador

Presidente de los Estados Unidos Mexicanos

C. Leticia Ramírez Anaya

Secretaria de Educación Pública

C. Francisco Luciano Concheiro Bórquez

Subsecretario de Educación Superior

C. Mario Alfonso Chávez Campos

Director General de Educación Superior para el Magisterio

DIRECTORIO ESTATAL DE PUEBLA

C. Sergio Salomón Céspedes

Gobernador Constitucional del estado de Puebla

C. María Isabel Merlo Talavera

Secretario de Educación

C. Ida Gabriela Hernández García

Subsecretaria de Educación Superior

C. Felisa Ayala Sánchez

Directora de Formación Docente

C. Cristy Martínez Millán

Directora de la Escuela Normal Oficial "Lic. Benito Juárez"

Escritores Normalistas

Dana Paola García Ortega

Denisse Ruíz Aguilar

Marissa Gutiérrez Cruz

Monserrat Escobedo Gómez

Erik Morales Pacheco

Héctor Nadir Vargas Hernández

Eliott García Aguilar

Jorge Roberto Quiroz Pérez

Kiara Pamela García Vázquez

Alan Garrido Téllez

Jessica Lizbeth Alvarado Martínez

Uriel González Sánchez

Jacqueline Matus Cazares

Ángel González Herrero

José Alejandro Luna Garrido

Ángeles Guadalupe moreno Ramírez

América Hernández González

Jania Selene Vázquez Mora

Antonio Morales Rodríguez

Mari Angela Reyes Bernabé

Florencio Vázquez Pérez

Evelin Anahí Hernández Nava

Estrella de Belén Ortega Ortega

Xóchitl Adriana Vázquez Hernández

José Luis Trejo González

Adrián Ortiz Vázquez

Marysol Moreno Pérez

Claudia González Pacheco

Melissa Hernández Garrido

Brandon reyes Hernández

Karla Alfredo Ramírez

Adrián Crespo Rosas

Lizbeth Nochebuena Martínez

Natanael López Huerta

Carolina Itzel Cázares Maldonado

Diana Belén López Luna

Nabila Torres Martínez

Noemi Yoselin Fuentes Lozada

Karen Yaneli Garrido Hernández

Diana Vanessa Hernández Hernández

Dulce Mildret González Luna

Luz Ananda Ortega Nava

Narda Dulcinea Torres Trejo

Brenda Herrera Galeote

Citlali López León

Angélica María Hernández Galván

Fátima Abigail Ibarra Hernández

Liz Anahí Márquez Barrios

Caren Guadalupe Nava Cortés

Larisa González Arroyo

Lizeth Gabriela Ramírez Hernández

Estermiriam Silva Saviñón Hernández

Dafne Vázquez Moreno

Natasha Itzel Díaz Vargas

Blanca Itzel Muñoz Hernández

Monserrath Hernández Barrios

Valentina Hernández Anaya

Ana María Martínez Cruz

Laura Garrido Vázquez

Elizabeth Juárez Domínguez

José Ángel Garrido Cruz

Guadalupe Méndez Pineda

Sara Isela Gutiérrez Sánchez

Marisol Vargas Tolentino

Ileana Grisel Riévoles Castillo

Elvira Martínez Sánchez

Luz María Martínez Cárdenas

Índice

Prólogo

La literatura es un universo infinito de historias, emociones y saberes que nos acompañan y nos nutren en nuestra vida. En este sentido, la mediación literaria se ha convertido en una práctica fundamental para acercar a los estudiantes a la lectura y la escritura creativa, estimulando su sensibilidad y su pensamiento crítico.

La mediación literaria es el arte de acompañar a los lectores en su encuentro con la literatura, de ayudar a descubrir el valor y el significado de las obras que leen. Por eso, este libro incluye guías de lectura y actividades para que los docentes y los mediadores literarios puedan aprovechar al máximo la experiencia de leer estos cuentos con sus estudiantes.

En este libro, presentamos una colección de cuentos escritos por estudiantes de la Escuela Normal Oficial "Lic. Benito Juárez". Estos jóvenes, con su talento y creatividad, han plasmado en sus historias distintas visiones del mundo y de la vida, abarcando temas como la amistad, el amor, la identidad y la justicia, entre otros.

La lectura de estos cuentos no solo nos permitirá disfrutar de buenas historias, sino que también nos invitará a reflexionar sobre cuestiones que nos interpelan como seres humanos, generará un diálogo enriquecedor entre los estudiantes, sus docentes y mediadores literarios.

La estrategia de mediación literaria que hemos utilizado en este libro pretende estimular el diálogo y la participación de los estudiantes en el proceso de lectura, promoviendo la creatividad y el pensamiento crítico a través de actividades como la discusión de los temas centrales de los cuentos, la escritura creativa, la dramatización y el dibujo.

Esperamos que este libro sea un aporte significativo en el fomento de la lectura y la escritura creativa, así como también en la promoción de la mediación literaria como una herramienta fundamental para el desarrollo integral de los estudiantes.

La historia de un árbol

Dana Paola García Ortega

Denisse Ruíz Aguilar

Marissa Gutiérrez Cruz

Monserrat Escobedo Gómez

Licenciatura en Enseñanza y Aprendizaje en Telesecundaria
PRIMER GRADO

Bosco era un joven de 16 años, era delgado, de tez morena, sus ojos eran pequeños, con unas pestañas enormes y chinas, medía 1.70 cm, bastante alto para su edad, su cabello era corto, castaño y suave como un peluche, él era muy trabajador, pues era quien sacaba a adelante a su familia, puesto que su padre había fallecido cuando él tenía 10 años por una enfermedad crónica.

Bosco vivía con su madre Angélica, una señora joven, de 45 años de edad, chaparrita, un poco gordita, de tez morena al igual que su hijo y con un gran cabello que le llegaba hasta los pies, por suerte era lacia, así no tenía que lidiar con el cabello enredando al igual vivía con su hermana de 8 años, Regina, quien a simple vista era una niña normal, pero lamentablemente heredó la enfermedad de su padre, cáncer, ella era una niña bastante linda, sus ojos contagiaban mucha felicidad al igual que su sonrisa, a diferencia de su madre y hermano, ella era de tez blanca, pues su padre también lo era, al mirarla, las personas ni siquiera pensaban que podría tener cáncer, pues se veía como una niña normal, la enfermedad casi no se le notaba porque ella era muy fuerte.

La familia Martínez García, a simple vista ante el pueblo era una familia feliz, sin embargo, no era así, pues tenían muchos problemas económicos por la enfermedad de Regina, Bosco y su madre siempre buscaban la manera de solventar los gastos y comprar sus medicamentos para ella.

Bosco como todos los días, salía a trabajar a la huerta de su patrón, Don Miguel Bautista, un señor alto, de 1.80 cm, corpulento, con un sombrero y botines bien puestos, era la persona más famosa del pueblo, pues tenía muchos terrenos con bastantes trabajadores.

Don Miguel tenía una hija muy hermosa, llamada Verónica Bautista, Bosco estaba profundamente enamorado de ella, pues era una chica muy linda, tenía 15 años, medía 1.60, era muy delgada y le encantaba usar vestidos floreados y colores pastel, tenía un hermoso cabello claro y ondulado, enormes ojos verdes, una sonrisa que atraía a cualquiera y lo mejor es que era muy agradable, el único problema, es que Bosco era tan tímido que nunca le había hablado.

El día de trabajo fue muy largo y agotador, por esa razón, don Miguel invitó a cenar a Bosco a su casa, pues pensaba que se lo había ganado, él aceptó la invitación porque tenía mucha hambre y además sabía que ahí podría ver a Verónica, la señora Sofía esposa de don Miguel, pidió a la sirvienta llamar a su hija a cenar, Bosco estaba emocionado pero muy nervioso y no sabía qué hacer.

Así que sólo esperó ansiosamente, él sabía que ella era muy linda y tierna, pero reconocía que no eran de la misma clase social y eso lo desanimaba un poco porque pensaba que por esa razón ella podría rechazarlo.

Verónica bajó al comedor, en el primer momento en que la vio, se perdió en su mirada y su sonrisa delataba lo enamorado que estaba de ella, sirvieron la cena y empezaron a comer, y al terminar, Bosco no sabía si empezar una conversación con Verónica o quedarse callado, pero se armó de valor y lo primero que se le vino a la mente fue preguntarle:

— ¿Qué tal su día señorita?

Ella le respondió amablemente, comenzaron una conversación y todo fluyó de una manera agradable, cosa que a don Miguel no le disgustaba para nada, porque también eso le asusta a Bosco, siguieron hablando de su día y sin darse cuenta, ya no tenía pena de hablarle.

La casa de Don Miguel era grande a comparación de las demás de aquel pueblito, estaba hecha de adobe y tejas en el techo, con ventanas que iluminaban la casa durante el día y durante la noche con lámparas incandescentes.

El ambiente en esa casa era realmente acogedor, cualquier persona que visitaba a esa familia quedaba fascinada con la unión y amor que se demostraban, si fuera por Bosco se quedaba un rato más ahí pero no podía, así que empezó a despedirse de la familia de Don Miguel, agradeció mirando a todos los presentes y después de despedirse salió de aquí, no dio tantos pasos si acaso unos 4 cuando tocaron su hombro, era ella, la señorita Victoria, le dijo que seguramente su hermana y madre debían tener hambre, así que le dio una canasta con algo de comida, Bosco no pudo decir nada, sólo sonrió por la belleza y amabilidad de la chica.

Bosco continuo su camino mirando todas las casas que había a su alrededor todas hechas de adobe y con tejado, se podían escuchar las voces de familias platicando ya que a estas horas los hombres que salían a trabajar en los cultivos llegaban a cenar y a descansar

Recorrió las calles llenas de piedras hasta que finalmente llego a su casa, su pequeña hermana quien tenía un muñeco de trapo entre sus brazos, estaba esperándolo en la puerta y cuando lo vio, no pudo evitar correr para abrazarlo, pues había tardado más de lo normal y ella estaba muy preocupa por él.

Para Bosco, Regina era motivación, porque a pesar de su enfermedad, ella buscaba la manera de alegrar a su madre y él, ella era una niña feliz, que disfrutaba de la vida a pesar de todo lo malo que tenía que pasar.

Ambos entraron y fueron a la cocina donde estaba su madre, Angélica que se encontraba pelando un par de papas marchitas, Bosco supuso que eso iba a cenar y le dijo a su mamá que había llevado algo para la cena de parte de Don Miguel.

Los ojos de su madre se iluminaron al escuchar que su hijo había traído algo de cenar, aunque era una mujer joven para ser madre, no podía trabajar porque cuidar a su hija se lo impedía y prefería estar al pendiente de ella que irse a trabajar y dejarla sola, a pesar de eso, ella buscaba la manera de ayudar a su hijo con los gastos de la casa, y como era una excelente cocinera, aprovechaba y hacía postres para vender afuera de su casa, eso le ayudaba porque así ganaba dinero y al mismo tiempo estaba al pendiente de su hija.

Al día siguiente Bosco iba rumbo a su trabajo, cuando a lo lejos vio a Verónica sola en el bosque, no se acercó a ella porque iba tarde.

Pasaron los días y Bosco seguía dándose cuenta que Verónica estaba en el bosque, ese día decidió acercarse a ella y se percató que estaba llorando y le pregunto.

—¿Qué te sucede, puedo ayudarte en algo?...

Ella solo se limpió las lágrimas y dio vuelta para regresar a casa, Don Miguel invitó de nuevo a Bosco a cenar esa misma tarde, todo transcurrió normal; hasta que se percató que Verónica no estaba en la cena se pasó pensando en donde podría estar hasta que se le vino a la mente ese bosque.

Terminando de cenar se despidió y se dirigió rápidamente para aquel lugar, sus sospechas eran ciertas, porque Verónica se encontraba ahí en la misma situación; lentamente él se acercó y tocó dos veces su hombro, para llamar su atención, ella al verlo le pregunto que, si podía guardar un secreto, el asintió con la cabeza. Esa se convirtió en la primera noche en la que ellos hablaban, ahí Bosco entendió la importancia de proteger y conservar ese mágico lugar.

Verónica le contó su secreto: Cuando tenía seis años falleció mi abuela causándole un gran dolor a mi abuelo, él se sentía muy solo y vacío, por lo cual yo siempre le hacía compañía, buscaba una manera de distraerlo, así que un día le propuse ir a caminar a aquel bosque.

Verónica explica su secreto...

Platicamos de miles de cosas y no nos dimos cuenta cuando el sol empezaba a ocultarse y cómo las estrellas destellaban, nos recostamos sobre el pasto húmedo y siguió platicándome sus anécdotas de joven, sin darme cuenta me quedé dormida.

En mis sueños pude escuchar entre susurros la voz de mi abuelo que decía:

Yo siempre estaré aquí si algún día te sientes sola, pero debes de cuidarme para que no muera por completo, cuida y protege este lugar, ¿Podrías prometerlo?

El motivo de mi despertar fue un dolor en mi cuerpo, abrí mis ojos y me di cuenta de que estaba rodeada de raíces y en ninguna parte estaba mi abuelo, comencé a buscarlo por todo el bosque, pero al no encontrarlo regresé al mismo árbol donde había despertado.

Donde me di cuenta que en una de sus raíces tenía una marca, aquella marca de nacimiento característica de mi abuelo. Fue cuando entendí que él no se había ido, sino que ahora él tenía otra forma...

Desde ese día no he dejado a este lugar solo y como lo prometí, después de despertar, cuido del bosque todo el tiempo que puedo, pero, la gente se ha dedicado a destruirlo poco a poco sin pensar en la historia que puede tener y en la importancia de preservar estos lugares que son parte de nuestro patrimonio.

Hay cosas especiales que queremos cuidar y hay otras que pensamos que no son importantes, dejándolas aún lado sin pensar que si cuidamos algo de manera correcta más tiempo va a durar en esta vida, todo lo que hay a nuestro alrededor es parte de una historia, que talvez nosotros no conozcamos y por consecuencia restándoles valor.

Cuando Verónica terminó de contarle su secreto a Bosco, este entendió porque lloraba esa hermosa y delicada señorita, tenía una gran responsabilidad, la cual se volvería más fácil con ayuda.

Bosco se ofreció a ayudarla en todo lo que pudiera y en buscar la manera de proteger al bosque, entendió la importancia que algunos lugares tienen para las personas y cómo al pasar los años somos los que también terminamos con ellos...

Verónica y Bosco empezaron a ir juntos todos los días a revisar cómo seguía el bosque, a veces encontraban a personas intentando talar los árboles que había, así que cuando pasaba ese tipo de situaciones se acercaban a ellos para platicarles un poco del gran misterio. Diciéndoles que a veces aparecían más arboles sin ningún motivo, solo estaban ahí como si tuviera algo de magia y no podían explicar por qué sucedía eso.

Poco a poco esa historia de misterio sin fin, se fue extendiendo por todos los pobladores, y muchos empezaron a interesarse precisamente buscando una respuesta, algo que solo sabían dos personas, pero pensaban que la gente no les iba a creer e iban a seguir talando árboles, por eso decidieron hacer de ese bosque un lugar de misterios que pudiera llamar la atención de todos logrando así preservarlo.

Pasaron los años Bosco y Verónica se casaron, tenían una vida feliz, sin embargo, como toda persona y árbol falleció, pero de la manera más bonita, junto al amor de su vida y haciendo algo que lo hace feliz.

Le pidió a Verónica que siguiera con su vida y que cuidara los árboles por él.

Es por eso que le alegra que la gente haya empezado a cuidarlo, porque así fue como Bosco se convirtió en un árbol...

A veces hay que hacer las paces con nosotros mismos para poder hacerlo con la madre tierra y darnos cuenta de que cada árbol, flor y ser vivo son parte fundamental de lo que tenemos y que sin ellos no estaríamos presentes.

No sólo las personas tenemos una historia, también hay lugares llenos de ellas, pero... ¿Vamos a acabar con ellas?

Historia de un encuentro

Erik Morales Pacheco

Héctor Nadir Vargas Hernández

Eliott García Aguilar

Jorge Roberto Quiroz Pérez

Licenciatura en Enseñanza y Aprendizaje en Telesecundaria
PRIMER GRADO

La noche era oscura, entre las tinieblas había un ambiente escalofriante, que hacía poner la "piel de punta", dando media noche cerca de un semáforo rojo estaba ahí aquella persona, que, sin saberlo, se convertiría en alguien importante en mi vida.

Al costado de la carretera había una camioneta, con vidrios polarizados, que para ser realista los veía de un color muy opaco, me preguntaba que de quién era o si simplemente si se habían extraviado, regularmente esa carretera no era tan transitada, pasado un cuarto de hora con un poro en la mano y en la otra mi celular sin batería, me senté en la banqueta, observé el semáforo rojo fijamente, al igual que a la persona que estaba retrancada sobre él, sin pena le pregunté:

— ¿Todo bien por aquí?

Sin respuesta y con un gran silencio me dejó, no sabía si era un hombre, mujer o algún espíritu, ya que días anteriores en la colonia habían hablado de una presencia extraña en aquella calle, con miedo y atemorizado, pero a la vez enfadado me fui acercando, las manos y la frente me sudaban como si hubiese ido a hacer ejercicio, en mi mente solamente recordaba aquellos comentarios de la gente, pero con valentía me acerqué, tenía una capucha que hacía que no se identificara quién era, cada vez acercándome más, a la hora de tocar su hombro sentí un fuerte golpe en mi mejilla como si fuese hacerle algo, tomándole la mano antes de que el siguiente golpe llegara a mí, me atreví a mirarla a los ojos, aquellos ojos azules como el cielo me dejaron fascinado.

Enojada con mucha irá me quitó su mano, me empujó y procedió a decirme:

— ¿Qué es lo que haces?, ¿Con qué derecho vienes y te acercas a mí?

— Lo siento, solo que te vi y pensé que necesitarías ayuda— Le respondí

— Pues ya viste que no, así que ¡lárgate!

Con exaltación y asombro me regresé a aquel lugar donde estaba sentado observando, sabía que en algún momento necesitaría de mí, no tenía idea que era lo que me pasaba, pero había algo que me hacía quedarme, tal vez el interés o preocupación al ver que estaba sola.

Pasó más tiempo, nos mirábamos a ratitos, viendo que no me iba, con pena se acercó y me preguntó:

— ¿A quién esperas?

— ¿No que te dejara en paz? Le respondí con una sonrisa de burla, pero a la vez coqueta.

— ¡Bueno no me digas es tu problema! Contestándome de manera brusca.

Después de un rato de silencio le respondí

— ¿Tú a quién esperas? ¿Por qué a estas horas de la noche sigues en la calle y no cualquier calle si no en una muy peligrosa?

— Es verdad, pensé que esos eran relatos de la gente de este lugar, pero por lo que veo hay gente creyente de ello y además más asustada que yo en estos momentos.—respondió

Eché una carcajada, en el momento que le iba a contestar llegó un taxi se despidió con un simple adiós, se subió y se fue.

Me quedé confundido y pensando que había sido extraña aquella plática tan corta pero muy en el fondo analizando lo que le había respondido, puesto que no quería que se llevara una mala impresión de mí, tanto analicé qué se me vino en mente que no le pregunté su nombre ni mucho menos cómo podría encontrarla o verla nuevamente, simplemente me quedaba recordarla como la chica del semáforo que me dejó encantado.

Al voltear nuevamente hacía la carretera me percaté que aquella camioneta ya no estaba, era extraño, pero no le tomé tanta importancia, después de un rato me retiré de ahí.

Al día siguiente con cansancio, sin ganas de levantarme, me fui al colegio, el ambiente era más cálido, las palabras de mis compañeros me hacían bien ante tanta presión de trabajo, aunque hacían comentarios de mal gusto o un poco inmaduros me funcionaban para distraerme un rato. Al ponerme los auriculares, y con una taza de café paseaba en los pasillos, de pronto de lejos vi la misma capucha de aquella mujer de ojos azules que un día anterior había visto, me preguntaba si acaso era ella o si solo era mi imaginación, traté de seguirla, pero en eso tocó el timbre de entrada, y nuevamente mi plan había sido estropeado para reencontrarme con ella.

Durante la segunda clase, me llenaba de intriga el hecho de saber y suponer haberla visto, minutos más tarde, llegó al salón de clases, con una gran sonrisa y los mismos ojos bellos de aquella noche, posteriormente la docente la invitó a presentarse:

— Hola, mi nombre es Louis, como saben soy nueva y me gustaría aprender de cada uno de ustedes.

Me quedé impactado lo demás se me olvidó ya que me perdí completamente en sus ojos, se sentó a un costado en una butaca llena de dibujos, a lo mejor eran de los chicos egresados de la escuela, algo que destacaba era una figura un poco extraña, de una mariposa en la muñeca derecha, lo había visto ya que la profesora la pasó a resolver unos acertijos en el pizarrón.

Entre tanta plática, salió que ella debería ir un año después, pero por problemas personales tendría que volver a cursar el año, en la salida me acerqué a ella.

— Hola Louis o mejor dicho chica del semáforo— le dije

— Ya era hora que me hablaras— respondió con una encantadora sonrisa y acomodándose su largo cabello castaño.

— Es una sorpresa encontrarte aquí, no me imaginé que vendrías a esta escuela, pero para mí es un gusto verte y saber que vamos a tener más tiempo para conocernos, ¿Qué harás después de la escuela?

— — le dije con miedo a ver lo que me respondía, sentí que había sido muy directo o espontáneo al haberle dicho eso, pero era ahora o nunca.

— Claro, estaría muy bien conocernos, así sirve que hago amigos, realmente no conozco a nadie, ¿te parece si nos vemos en la tarde en la calle de anoche?

Cuando dijo "amigos", sentí como si una cubeta de agua fría cayera sobre mí, sonreí y le dije que sí.

En la tarde salimos y le llevé unos chocolates, pensé que era un gran detalle para ella e iniciar una amistad.

Platicamos un rato, supe que le gustaban los perritos, que le fascinaba leer novelas románticas, que le encantaban las sudaderas grandes, al igual que tenía un gusto por comer brócoli con chocolate, una combinación algo rara para ser verdad, que le gustaba la música de rock, pero también la clásica pues que la hacía relajarse después de un día agotador, que no le gustaba estar en redes sociales todo el tiempo y mucho menos las mentiras, muy segura en sus propósitos, metas y decisiones.

Pasaron los días, diario iba conociendo más de ella, aprendiendo de sus gustos, virtudes, habilidades e inclusive vi lo que ella aún no apreciaba de sí misma...

Hoy desperté atónito, tuve un sueño muy extraño, de momento llegó una notificación a mi teléfono que estaba en la repisa, al ver el nombre de contacto de Louis me imaginé que quería que pasara nuevamente por ella o que le comprara su almuerzo, como es de costumbre pedírmelo, sin embargo sus audios y mensajes no eran referente a ello, al escucharlos, entre jadeos y llanto me pedía ayuda, yo no entendía por qué lo decía, en cada audio mencionaba que ya no podía más, le aquejaban las decisiones que había tomado en el pasado y que para ella todo había terminado, su voz que tantas veces me hizo sentir amado, ahora me estrujaba el corazón con sus palabras.

De repente entre tanta intriga comencé a ver los demás mensajes de compañeros, donde me decían lo mucho que lo sentían, abrí uno en especial y mi corazón se rompió, en él decía "me acabo de enterar de la muerte de Louis, sé que ustedes se querían sobre todas las cosas, de verdad lo siento".

Me encuentro confundido, no sé qué pensar, lo único que puedo hacer es ir a ver a sus padres para ver si era cierto o un simple malentendido. Al llegar a la avenida se me hizo extraño no ver movimiento por ningún lado, toqué la puerta, en eso salió su padre y madre llorando de dolor me dijeron que me estaban esperando, no sabía que decir ante tanta tensión, así que procedieron a darme una nota escrita por ella, con su letra no tan legible, un poco salpicada de agua, pero con mucho significado donde sabría la respuesta ante tal percance.

La nota decía...

Hola papás perdón por hacer esto, nunca fue mi intensión dañarlos ni mucho menos mortificarlos por mis decisiones, los amo.

Sin dejar que yo preguntara algo, sus papás me dijeron que me retirara de la casa, que se sentían muy cansados y tenían muchas cosas pendientes por realizar.

Con el alma destrozada, con un nudo en la garganta y muchas preguntas inconclusas me quedé, guiándome hacía aquel semáforo, aquella banqueta donde había sido nuestro primer encuentro, iba a ser suficiente para soportar la agonía de ya no volver a verla; De momento, perdido en los pensamientos, se acercó alguien a mí, un pequeño de seis años, sin palabras solo hechos me dio una nota y salió corriendo, antes de abrirla quise encontrarlo, pero ya se había ido, procedí abrirla y decía.

Búscame hoy a las diez de la noche en este mismo lugar, hay muchas cosas por platicar. ATTE: Louis

La conciencia de un rey

Kiara Pamela García Vázquez

Alan Garrido Téllez

Licenciatura en Enseñanza y Aprendizaje en Telesecundaria
PRIMER GRADO

En el reino de Galdrin, las mañanas eran muy soleadas y ese día no sería la excepción. Desde el castillo se observaba el mar y las montañas que rodeaban aquel pequeño y hermoso Reino.

Como todos los días, la servidumbre se dirigió a la habitación del príncipe Edward para prepararlo, pero al entrar, se percataron de que había escapado por la ventana, inmediatamente avisaron a la guardia real del Rey John.

Edward, desbordaba alegría, pues su salida del castillo pasó inadvertida, recorrió las calles empedradas del pueblo, al pasar por la plaza vio un puestecillo y para recuperarse del hambre que tenía en ese momento, robó una pieza de pan, debido a que la noche anterior se fue de fiesta, bebió tanto que aún podía sentir el sabor de aquel vino. Pasada la hora del desayuno, el Príncipe regresó al castillo, no contaba con que su padre estaría furioso, cansado de sus actos irresponsables.

— ¡Edward! ¿Dónde te has metido toda la mañana?

— Padre, solo fui a dar un paseo por el pueblo.

— ¿Qué crees que estás haciendo con tu vida? Eres un Príncipe de 15 años, deberías comportarte como tal.

— ¡Estoy disfrutando de mi juventud!, antes de convertirme en Rey.

— ¡Lo he decidido! A partir de mañana comenzarás con los soldados el entrenamiento para la guerra, debes de empezar a tomar en serio tu papel. ¡Mira nada más! tu ropa está sucia y expides olor a vino barato.

A la mañana siguiente, Lord Benjamín, ayudante y mano derecha del Rey John, fue personalmente a la habitación del Príncipe, para asegurarse de que sus órdenes se cumplieran, al entrar, vio a Edward acostado.

—Príncipe Edward, ¡Levántese ya!, llegará tarde a su entrenamiento.

— No voy a ir, no me gusta la guerra.

— Quiera o no, tendrá que ir, debe asumir la responsabilidad que la Corona le confiere.

Al llegar al lugar, Edward estaba molesto, no quería estar ahí, pues además de no poseer un cuerpo atlético y sin energía, comenzar el entrenamiento era muy desagradable.

James, el encargado del primer batallón, recibió al Príncipe en el entrenamiento.

— Bienvenido Príncipe Edward, por órdenes del Rey, lo adiestraré en el arte de la guerra.

—Sí, ya lo sé, estoy cansado de escucharlos.

— Hay una razón específica por la que su Padre prefiere que yo le enseñe, verá, por años, Naltena, el Reino vecino, ha sido deshonesto con nosotros y su padre el Rey John, prefirió suspender toda relación con ellos, situación que no le gustó al Rey August de Naltena, por lo tanto, nos ha declarado la guerra y próximamente existirá un ataque.

— No entiendo, entonces que hago yo aquí, soy el Príncipe, debo de estar a salvo, sino quién gobernará Galdrin.

— Usted está aquí, para motivar a los soldados, si lo ven se animarán y tendrán el valor para pelear, les dará la valentía que necesitan. Acompáñeme, le presentaré a Jack, quien es hijo del herrero, él se encargará de tomar las medidas para elaborar su armadura.

Edward, no conocía a ninguna persona fuera del Castillo, pues no le parecía importante, todos eran sus súbditos y no era de su interés conocerlos. De pronto vio por primera vez a Jack, un joven de su misma estatura, cabello rubio, carismático, dos años menor que él. Le transmitió confianza e inmediatamente pensó sería un buen cómplice en sus aventuras. Fue después de ese momento que, Edward, comenzó a frecuentar a Jack su nuevo y único amigo.

Pasados los días, el Príncipe le propuso a Jack visitar las tierras prohibidas, a las que solo tienen acceso la familia Real. Su aventura consistió en un viaje peligroso que realizaron a caballo, durante dos días, atravesaron valientemente las montañas que son habitadas por lobos.

Es así, como iniciaron su amistad, que se resumió en bromas, fiestas, escapes a lugares prohibidos y en evadir sus responsabilidades por días enteros. Sus aventuras, comenzaron a tener repercusiones en sus vidas.

Jack, al ser el hijo único del herrero del Reino, sería el heredero del negocio familiar, pues debía ayudar a su padre con el trabajo delegado para la guerra, tenían como encomienda por el Rey John, fabricar armaduras, espadas y escudos, pero su irresponsabilidad estaba afectado el oficio de su padre.

— Edward, mi padre va muy atrasado con el trabajo, hoy no te acompañaré a la taberna, lo siento.

— ¡Vamos amigo, falta una semana para el primer enfrentamiento!, aún hay tiempo, además, ¿Ya te inscribiste? Me dijiste que me acompañarías a la guerra.

— Pero sabes bien que no nos dejarán ir al enfrentamiento, no hemos asistido al entrenamiento.

— Estas hablando con el Príncipe, mi querido amigo, encontraré la forma de ir, además, las guerras están contadas por los ganadores, imagínate, cuando regresemos victoriosos, la popularidad que tendremos.

— Pero ¡no sabemos pelear!

— Tranquilo, iremos y no pelearemos, nos escabulliremos y los demás harán el trabajo por nosotros, de eso no te preocupes.

— Está bien, nos vemos el día que partiremos a la guerra, me voy con mi padre, está enojado, puesto que aún faltan espadas y escudos por fabricar.

— Está bien, te perderás de la diversión, Jack.

Conforme fueron pasando los días, Jack se encontraba trabajando arduamente a lado de su padre, pues se acercaba aquel terrorífico día.

Lamentablemente, el día menos esperado llegó, la justa entre Galdrin y Naltena comenzó. Los soldados del primer batallón partieron con dirección al lugar de la contienda, un pequeño valle desolado, San Leandro, conocido por ser la frontera entre ambos reinos.

— ¡Jack, es hora de irnos!, todos han partido al valle de San Leandro, es imposible que nosotros no lo hagamos.

—Edward, no creo que sea buena idea, no fuimos requeridos para formar parte del primer batallón, tenemos que quedarnos para apoyar a los heridos y brindar suministros. En especial tú, eres el heredero de la Corona, tienes que quedarte en caso de una tragedia.

— ¡No seas cobarde, Jack!, somos jóvenes y debemos aprovecharlo, podemos hacer todo lo que queramos. Tenemos que irnos ¡ya!, está a punto de anochecer y los guardias que resguardan Galdrin no estarán haciendo rondines, ahí tomaremos unos caballos y nos iremos de aquí. Si no te veo en la fuente del pueblo, entenderé que nuestra amistad no ha significado nada para ti.

— Edward no puedo dejarte ir solo, te acompañaré, ve en busca de los caballos, en lo que yo preparo nuestro armamento.

Los dos jóvenes salieron de Galdrin, sin ser vistos por los guardias, pasadas cinco horas de camino, transitaron por una pequeña brecha empedrada sin prisa alguna, cuando de pronto comenzaron a escuchar ruidos dentro de la maleza, pero no le tomaron importancia y siguieron su camino, de repente el caballo de Jack cayó súbitamente al suelo pues una flecha lo hirió. Inmediatamente fueron emboscados por un grupo de soldados de Naltena.

— ¿Quiénes son ustedes para hacernos este tipo de atrocidades?

— ¡Somos soldados de Naltena y ustedes se encuentran en nuestras tierras, para nosotros, son hombres muertos!

En medio de sollozos los dos amigos suplicaron por sus vidas, sus ruegos fueron en vano, porque seguidamente asesinaron a Jack. Edward atónito exclamó:

— ¡Soy el Príncipe de Galdrin y exijo que me liberen!

Un soldado se percató de que lo que decía era verdad, ordenó llevar al chico como moneda de cambio para finalizar la guerra.

Pasados los días, Edward sufrió una pesadilla, estuvo preso y fue torturado en lo que el mensaje de su captura llegaba a oídos de su padre el Rey John.

Al cabo de una semana, el Rey de Galdrin se comunicó con el Reino de Naltena para concluir la guerra a cambio de la vida de su primogénito.

Naltena aceptó, pues era una decisión que los favorecía, la guerra culminó y la vida del Príncipe cambiaría radicalmente.

A partir de este trágico suceso, Edward maduró, tuvo otra visión de la vida, comenzó a preocuparse más por las personas y no solo por sí mismo. Se convirtió en una persona responsable, aceptó las obligaciones que la Corona demandaba, promovió la gentileza, la nobleza, la amabilidad, el respeto, así como la lealtad, comprendió que debía asumir las consecuencias de sus actos y para honrar la memoria de su cómplice de aventuras, su gran amigo Jack, Edward gobernó el Reino de Galdrin como uno de los mejores monarcas.

La magia esta en nunca dejar de soñar

Jessica Lizbeth Alvarado Martínez

Uriel González Sánchez

Licenciatura en Enseñanza y Aprendizaje en Telesecundaria
PRIMER GRADO

Una tarde fría en el pueblo de San Sebastián Bernal, las calles estaban solitarias, la única persona que se encontraba caminando por el lugar era Melissa, ella era una jovencita bella como una mañana deslumbrante de abril, su aroma era como recibir una suave y fresca brisa en las mejillas y su risa tan natural que fácilmente puede resonarse en tu oído por horas; pero ese día Melissa estaba cansada, triste e indiferente, esa actitud tiene desde hace unos cuantos meses.

Se encontraba así debido a discusiones que tuvo con sus padres, pues ella tenía el sueño de lograr ser la mejor astrónoma, pero su padre aún tenía pensamientos represivos y machistas, no quería que Melissa continuara estudiando.

Dijo el padre de Melissa — ¿Cuándo por fin entenderás que las mujeres deben dedicarse a las labores del hogar? Mija hazme caso tienes que buscar un marido y formar tu propio hogar.

—Padre los tiempos ya no son como antes, ahora las mujeres también podemos salir adelante solas, podemos esforzarnos por estudiar y ser alguien en la vida, —— dijo Melissa

Su padre no entendía que Melissa no buscaba eso, sus expectativas eran aún más altas que formar una familia, él decidió no apoyar a su hija, le negó el dinero para que ella pudiera estudiar. La única opción que le quedaba a Melissa era trabajar, así ella podría pagar sus estudios.

Ella luchaba día a día para no dejar morir ese bello sueño, y para eso ya no tenía que perder el tiempo pensando en cosas que no le beneficiaban, sabía que se sería difícil conseguir ese objetivo, sin embargo, rendirse no estaba en sus planes. Su trabajo era en una tienda de ropa así ella ahorraría para la universidad.

Con el paso de los días conoció a Julián, un chico que todas las mañanas pasaba a ofrecer los jugos que el vendía, del cual se hizo muy buena amiga, pronto empezaron a verse en sus horas de trabajo y después con el tiempo planeaban salidas por las tardes. En unas de las tantas tardes que se veían, Julián le llevó unas flores a Melissa, rosas rojas eran sus favoritas, así continuo de detallista, hasta que un día Julián le organizó una salida un tanto diferente, pues era para pedirle a Melissa que fuera su novia.

Llego la tarde y habían quedado de verse en el kiosco, Julián le dijo a Melissa que le tenía una sorpresa preparada, ella no se imaginaba nada, se dirigían a una pequeña cocina económica que se encontraba cerca, llegando al lugar había una mesa con muchos globos y detrás un cartel muy grande sujetado por dos meseros de la cocina el cual decía "Melissa, ¿Quieres ser mi novia?".

Melissa no sabía que responder, comenzó a sonrojarse.

—Julián aun que es una pregunta un poco repentina en este tiempo que llevamos de conocernos, has sido una persona con la que he conectado muy bien, estoy segura de que no me arrepentiré de decirte que sí, aseguraba Melissa.

—Ya verás que no Meli, te haré la niña más feliz del mundo, y juntos conseguiremos ese sueño que tanto quieres, respondió Julián.

Con el paso del tiempo la conexión emocional que Melissa y Julián tenían era algo muy bonito, los dos se apoyaban mutuamente.

Pasaron los meses y llegó el día en el que Melissa se tenía que postular para la universidad, ella se dirigía muy nerviosa a su examen, pero Julián le daba ánimos.

—Meli eres una niña demasiado inteligente, ya verás que obtendrás lugar en la universidad, le decía Julián.

—En verdad espero que así sea, quiero demostrarles a mis padres que puedo salir a delante con mi propio esfuerzo, respondía Melissa.

Salió de realizar el examen y le dijeron que estuviera pendiente pues en el transcurso de esa semana se darían a conocer los resultados de las personas que son admitidas.

Pasaron tres días...

—Hoy me darán resultados del examen, estoy muy nerviosa, decía Melissa.

—Estoy seguro que esos resultados están a tu favor, le contestó Julián con seguridad.

Y efectivamente los resultados fueron favorables para Melissa, había sido admitida en la universidad. Se dirigía muy contenta hacia su casa a darles esta noticia a sus padres.

— ¡Papás logre ser admitida en la universidad, estoy muy contenta! Exclamo Melissa extasiada por la noticia.

—No sé qué es lo que te pone contenta, te dije que ayuda por parte de nosotros no tendrás y la verdad yo no creo que tu sola puedas con tantísimo gasto, le contesto su papá con cierto desagrado y reclamo.

Melissa tuvo una fuerte discusión con sus padres debido a que ellos no creían en ella, en su arranque de ira tomo la decisión de abandonar su casa e irse a vivir con Julián, estaba consiente que se le haría aún más difícil, pero eso no le importó, ella lo único que quería era cumplir el objetivo de ser la mejor astrónoma.

Pasaba el tiempo y todo era miel y felicidad, hasta que un día comenzaron las diferencias, Julián le reprochaba a Melissa que por el trabajo y su escuela ya se había descuidado de los quehaceres del hogar, a lo cual Melissa respondió

—Me extraña el comportamiento que empiezas a tomar Julián, pareciera que estoy escuchando a mi papá, cuando nos conocimos y recién empezamos a vivir juntos decías que lo primordial era que yo pudiera estudiar, y claro que no puedo con todo, Tú también me puedes ayudar con los quehaceres.

—Atender el hogar les toca a las mujeres, no sé por qué te apoyé con esa idea absurda de que continuaras estudiando, creí que era un capricho del cual te olvidarías pronto, respondió agresivamente Julián.

Melissa creyó que Julián había tenido un mal día y por eso le había dicho todo eso, quiso pasarlo desapercibido. Pero no fue así, desde ese momento todo cambió, y sí, Julián no era el mismo joven que creyó conocer, tuvo muchas actitudes raras, comenzaba a comportarse como el padre de Melissa.

Julián. —Ya no quiero que sigas asistiendo a la escuela, tu lugar está aquí en la casa tienes tantas labores por realizar que ni de la escuela te acordarás.

Melissa. —Estás loco si piensas que voy a dejar mis estudios, me salí de la casa de mis padres porque tenían las mismas ideas represiva, en verdad me extraña tu cambio tan repentino Julián, pero si deje a mis padres por cumplir mi sueño no dudes que igual lo haría contigo.

Melissa comenzó a deprimirse porque además de sus padres y Julián no tenía a nadie más, se dio cuenta que estaba completamente sola, comenzaba a sentir frustración, quería dejar todo, empezaba a creer que todos tenían razón y que ella no podría salir a delante sola, que tenía que darse por vencida y regresar a su hogar, hacerle caso a su padre y formar su propia familia.

Una tarde que Melissa había salido de su trabajo llegó a casa y se dio cuenta que Julián estaba tomado, empezaron a discutir por lo mismo, él no quería que continuara con sus estudios pues creía que era un sueño absurdo para una mujer y que ella debía dedicarse únicamente a atenderlo a él y a su "futura familia", las agresiones por parte de Julián hicieron que Melissa se diera cuenta de lo que en realidad era y lo que significaba quedarse a su lado

Julián. — ¡Estoy cansado de repetirte que tu única obligación es estar aquí en la casa, hazte a la idea que el sueño que tienes nunca lo vas a conseguir!

Melissa. — ¡Y yo estoy cansada de escuchar eso! voy a demostrarte que no necesito de un hombre mediocre que no es capaz de aspirar más que vender jugos.

Julián estaba tan enfadado por lo que Melissa había dicho que casi sin pensarlo levanto su mano para golpearla, pero Melissa rápidamente actuó y detuvo su pesada mano diciendo:

Melissa.—¡Si te atreves a ponerme una mano encima te aseguro que no vuelves a verme!

Julián.—Tanto estudio te ha hecho creer que te puedes ir de mi lado.

Melissa.—No estoy dispuesta a aguantarte un día más.

Julián.—Tú no te puedes ir de aquí, ¿acaso no recuerdas que tus padres te dieron la espalda? No tienes a nadie.

Melissa.—Pues te demostraré a ti y a mis padres que puedo sin ustedes.

Melissa tan enojada tomo la decisión en ese momento de dejar a Julián, dejar los recuerdos de aquella relación que no pudo ser, sin llevar nada con ella.

Conforme fue pasando el tiempo, Melissa tenía un nuevo sueño, alejarse de todo lo que la lastimaba en ese lugar, con esa idea en mente encontró una nueva universidad, puso todo su empeño para lograr entrar, estudiando y trabajando al mismo tiempo.

Pronto todos sus esfuerzos dieron fruto juntando todo ese dinero que le hacía falta compro su boleto dirigido a una nueva ciudad, sin imaginarse que ese pequeño trozo de papel seria también un boleto hacia su nueva vida.

Melissa estudió y estudió hasta el cansancio, consiguiendo las mejores notas y la oportunidad de trabajar en el congreso nacional de astronomía, donde tuvo la oportunidad de trabajar con brillantes astrónomos quienes le mostraron que alcanzar un sueño no era tan difícil.

Melissa por fin tenía la vida que tanto quería y no se sentía sola, pues en el camino había conocido personas que al igual que ella tenían sueños y eran capaces de comprender lo que siempre sintió. Ahora estaba segura que no necesitaba de nadie más que de ella misma.

La graduación llegó y con ella la sorpresa de que sus padres habían estado buscándola arrepentidos por haber tratado de frenar el sueño de su hija, limitándola y obligándola a separase de ellos.

Aunque Melissa no guardaba ningún rencor, le era muy difícil tenerlos presentes nuevamente en su vida, pero eso no fue impedimento para que ella perdonara a su padre por tratar de apagar sus sueños.

Los años pasaron y la popularidad de Melissa dentro del campo fue en aumento, después de conseguir su añorado trabajo en uno de los observatorios más famosos del mundo y que su investigación acerca de las estrellas tomara una gran influencia global, por fin podía decir que, a pesar de todo el dolor, las dificultades y retos que tuvo que atravesar, había logrado lo que muchos creían imposible, ser una famosa y reconocida astrónoma.

Leo y su historia

Jacqueline Matus Cazares

Ángel González Herrero

José Alejandro Luna Garrido

Licenciatura en Enseñanza y Aprendizaje en Telesecundaria
PRIMER GRADO

En la ciudad de Daiton, en un barrio chico donde abunda la pobreza y la inseguridad, crece un joven peculiar llamado Leo, él es una persona de baja estatura, de tez blanca, humilde, inteligente, con un gran corazón. Vive junto con su familia: Lina su madre, Miguel su padre y su hermana menor Jade. Debido al contexto donde ellos viven las oportunidades laborales y sociales son escasas, los padres de Leo trabajan todo el día y no tienen el tiempo para ver por ellos.

Su padre trabaja de conserje en una fábrica de la zona, su madre en una casa apoyando con las actividades del hogar. A pesar de esto el dinero que entra a su vivienda no es el suficiente y solo alcanza para cubrir las necesidades básicas. El esfuerzo que sus padres hacen no es vano, Leo en la escuela es uno de los mejores estudiantes de su grado escolar. Desde muy pequeño ha sobresalido por sus notables calificaciones.

Un día como cualquier otro, Leo se dirige a la escuela después de tener un fin de semana turbulento, llegando a su salón, se da cuenta que su pupitre ya no está, al parecer alguien le ha jugado una broma de mal gusto. Leo cree saber quién fue, pero no está seguro, muchos de sus compañeros le hacen burla por su baja estatura, de pronto entre risas su compañero Dante menciona:

— ¿Qué se te ha perdido leoncito?

A Leo le molesta que le hablen en diminutivo y expresa su enojo pidiendo que le hablen por su nombre de manera correcta.

Dante se ríe junto a otros dos compañeros, eso hace sentir mal a Leo, pero prefirió no tomarles importancia. Sabe que sus compañeros son irrespetuosos, no lograría nada si se pone a discutir con ellos. Tocado el timbre la maestra entra al salón y pide que todos se sienten en su lugar, leo debido a su situación menciona:

—Maestra, mi lugar al parecer ya no está, ¿Qué puedo hacer?

— Busca a Jacinto el conserje y dile que, si te puede traer un pupitre, además te pido que vayas a la dirección, quiero hablar contigo.

La maestra puso actividades para sus demás compañeros y junto a Leo se dirigieron a la dirección. Al estar ahí los nervios se veían evidentes, ya que en su mente pasaban todas aquellas cosas que habían realizado y buscaban una explicación del porque estaba en la dirección.

—Hemos estado platicando todos los maestros de la escuela, y nos dimos a la tarea de buscar programas de incentivos económicos a estudiantes destacados, queremos saber si te interesaría ser candidato a una beca. Aún no es nada seguro, pero tenemos esperanzas que serás aceptado en el programa. — contesto la maestra.

Al mencionar aquella noticia, todos los malos pensamientos que tenía se perdieron, a lo que Leo contesto con gran sorpresa y felicidad:

— ¿De verdad?, ¿No están jugando conmigo?

Leo sin pensarlo dos veces acepto, porque sabía que podía apoyar con algo de dinero a sus padres. La notica lo colmó de alegría, que la burla de sus compañeros ignoró completamente.

Pasados los días Leo seguía su vida con normalidad, cuando un viernes en la hora de su receso se daría cuenta que la escuela organizaría un torneo de basquetbol, para él fue una noticia emocionante, ya que es un deporte que ama jugar. Sin importar su estatura, ha tratado destacar, por las tardes suele jugar en unas canchas aledañas a su casa. El primer reto que enfrentó Leo, fue buscar con quien jugar, así que acudió con un amigo de su vecindario que al igual que él asistía a la escuela que estaba a tres cuadras, solo que en distinto grado.

—Hola René, ¿Cómo te encuentras?

—Bien, con un poco de flojera.

—Por cierto, supongo que ya has escuchado hablar de torneo que se va a organizar en la escuela.

—Por supuesto, aún estoy organizando el equipo por si gustas jugar con nosotros.

—Justo eso venía a preguntar, ¿Puedo jugar con tus amigos y contigo?

—Ya sabes que si, al rato en la tarde te esperamos para entrenar.

Al parecer, Leo habría resulto el primer problema del día, llegando a su casa, tenía que hacer actividades del hogar, ya que sus padres no estaban y este tendría que hacer de comer para su hermana Jade.

Sin más preámbulos se apuró a hacer su comida porque quería ir a jugar con sus amigos. Se alistó y partió al punto de reunión. Iba caminado con plena calma, cuando de pronto lo sorprende Dante junto a otros amigos suyos.

— ¿A dónde con tanta prisa?, ya nos enteramos de que planeas jugar en el torneo de la escuela, por si no lo sabes, lo vamos a ganar y tu ni nadie nos va a querer humillar.

—Yo solo planeo divertirme, no sé porque me ves como competencia.

— Tú solo eres una piedra dentro de mi zapato.

Justo al terminar Dante y sus amigos tumbaron a Leo y se dieron a la fuga con risas y chiflidos. Leo con todo y su coraje se levantó, limpió su ropa. Ya en las canchas de baloncesto, hizo como si nada, se divirtió junto a los amigos de Rene, al parecer también les agrado la compañía de Leo.

Al finalizar el entrenamiento Leo se fue a su casa, tan pronto al llegar sintió algo extraño, entrando a su sala ve a sus padres angustiados, sorprendido pues era temprano pues deberían estar trabajando.

Entre gritos y regaños recibieron a Leo, ya que su hermana Jade se sentía mal, él no se encontraba en casa por lo que una vecina tuvo que avisarles a sus padres. El remordimiento abrazaría a Leo, sus padres lo más pronto posible se fueron al hospital junto con su hermana. Mientras tanto Leo, ignorado, se queda en casa reflexionando cómo le diría sus papás que el debió estar en su casa para apoyar a su hermana. Esa noche no durmió para nada de la preocupación, ya que sus papás no respondieron sus llamadas.

A la mañana siguiente su madre llega a su casa con malas noticias.

— ¡Leo! Despierta, tengo que hablar contigo, tu hermana no se encuentra del todo bien, los doctores mencionan que se tiene que quedar a estudios para determinar su estado.

—Pero ¿Va a estar bien?, ¿Qué le sucede? —contesto preocupado—

—No lo sé hijo, nosotros tampoco sabemos mucho, lo único que nos queda es tener paciencia y esperanza de que todo saldrá bien. — respondió su madre.

— Y Jade ¿Dónde está?

— Se tuvo que quedar en el hospital, pero tranquilo tu padre se quedó con ella

Esas últimas palabras romperían a Leo en mil pedazos.

Al día siguiente Lina y Miguel los padres de Leo estando en la sala de espera ven que un médico camina de prisa hacia ellos.

— Buenos días, son los padres de Jade.

— Así es, ¿Qué pasa con ella?

— Aun no le podemos realizar los estudios, por órdenes y reglamento del hospital necesitamos que primero paguen, de lo contrario no se podrá avanzar en el caso de Jade.

Al escuchar eso los padres de Leo se preocuparon y desanimaron, pues no contaban con esta situación y sus ingresos no les alcanzaban, no sabían cómo costear el precio del hospital, desesperados comenzaron a buscar soluciones.

Leo con los pelos de punta en su casa por la situación de su hermana se pone triste, de repente se abrió su puerta y sus padres entraron con la cara larga.

—Mamá, ¿Qué paso?

—Tú no te preocupes hijo.

—Mamá, dime por favor.

—Aun no le han hecho los estudios a tu hermana —suspira la madre—

— ¿Por qué?

— No tenemos dinero para pagarlos.

Leo triste y enojado por la situación, salió desconsolado de su casa, se dirigió a la cancha para calmarse, por lo que comenzó a tirar el balón contra la pared de forma continua y de repente le llegó una maravillosa idea.

— ¡Ya sé! les daré a mis padres mi dinero de la beca, aunque lo iba a invertir en mis tenis y uniforme de basquetbol, pero no importa.

En eso Leo sale corriendo y se dirige a su casa con una sonrisa enorme.

— ¡Mamá!, grita Leo

— Ven rápido.

— ¿Que pasa hijo?

— Recuerda que estoy becado.

—Si hijo ¿Y eso qué?

—Toma mi dinero para pagar las cosas de mi hermana, lo tenía destinado para otras cosas, pero esto es más importante.

— ¡Gracias hijo!, Por un momento se me olvido ese dinero, pero gracias ¡Tienes un enorme corazón!

Al día siguiente los padres de Leo se dirigieron al banco para retirar el dinero, posteriormente fueron hacia el hospital, en cuanto llegaron el mismo doctor los atendió procediendo ellos a pagar, una vez liquidado el adeudo el doctor ya con una mejor disposición se dirigió hacia la habitación en donde estaba Jade, después de esperar largo tiempo de espera por fin el medico salió.

— Ya tengo los resultados, no es nada grave, pero con tratamiento se podrá controlar y seguir su vida como lo ha hecho hasta ahora o mejor.

Al oír eso los padres se aliviaron fue como si les quitaran un peso de encima.

— Pero, ¿Qué es lo que tiene?

— Vértigo.

— ¿Cómo es eso?

— Es un trastorno del equilibrio que hace referencia siempre a una sensación de movimiento que una persona tiene sin que exista, es una alucinación del movimiento, pero tranquilos, como ya les dije, con tratamiento se podrá controlar. Después de preparar la receta médica el doctor autorizó el alta a Jade. Al finalizar la tarde regresaron a su morada, Leo muy contento los recibió, pues nuevamente su familia se encontraba junta otra vez.

Leo sin darse cuenta, la fecha tan añorada había llegado, los torneos de baloncesto estaban a nada de comenzar. Pero no contaba con tenis y no quería preocupar a sus padres, sin embargo, no tuvo muchas opciones así que lo único que quedó fue decírselos.

Al saber el esfuerzo que hace Leo y toda su dedicación, decidieron apoyar a su hijo como siempre para que siguiera sus sueños y como apenas le habían subido el sueldo a su padre, él le compró unos tenis no como los que él esperaba, pero se sintió tan feliz por sus nuevos tenis que no le importó la marca de ellos. Los veía como sus nuevas alas, que lo llevarían a conseguir algún día su sueño, pertenecer a un equipo de basquetbol importante y poder darle a su familia una vida mejor.

Llegó el día del torneo, algo que destacaba era que su equipo sería el primer partido del concurso, les tocaría enfrentarse a alumnos del tercer grado, Leo junto a René y sus demás amigos jugarían de una manera incomparable, canastas tras canasta, entradas, triples, pases sin igual; sin duda alguna era candidatos claros para ganar.

En todo el torneo Leo no se sintió nervioso por jugar, pero en un instante las piernas le temblaban, era claro que tenía miedo. Una maestra al notar su nerviosismo descontrolado se acercó a Leo y mencionó:

— Has jugado muy bien durante el torneo, solo es un partido más.

— Lo sé, pero no me siento muy cómodo para jugar hoy.

— No importa el resultado, pero todo lo que hagas hazlo sin miedo, total, si no resulta como esperabas te quitaste esa espina del que hubiera sido, ánimo yo sé que ustedes podrán con esto y más.

De cierta manera estas palabras alentaron a Leo a jugar con más entusiasmo y confianza. El partido como era de esperarse fue muy parejo, justo se encontraban en el último cuarto con 30 segundos en el reloj, estaban empatados con 35 puntos. La rivalidad entre Leo y Dante estuvo presenté durante todo el partido, pero Leo supo templarse, la habilidad, paciencia y optimismo le ayudaría para obtener mejores resultados. El equipo de Dante, en un mal pase perdió el balón, René capturó el pase y con fuérzalo lanzo al lado contario de su tablero, Leo se encontraba solo con el arillo, un pequeño salto y un tiro que terminaría en canasta les daría el triunfo tan deseado. Leo junto a René y sus demás compañeros ganaron el torneo escolar, al finalizar, la maestra Luna, una señora ya mayor que tenía un gran afecto por Leo lo llamó:

— Oye Leo, un momento.

— Dígame maestra.

— Te quiero presentar a alguien.

— ¿A quién maestra?

— Un amigo Leo, le estuve platicando mucho de ti y te quiere conocer.

Y así fue como la maestra Luna le presentó a Eduardo, entrenador de un equipo de basquetbol que pertenece a una organización importante "Jóvenes Deportistas"; hablando con Leo y viendo su perfil académico le ofreció un lugar con ellos, jugaría basquetbol y además recibiría una beca, al oír, eso Leo comenzó a imaginar todo su futuro, pero debía hablar con sus padres pues aceptando que tendría que mudarse y su familia no podría sustentarlo.

— Tengo que hablar primero con mis padres.

— Claro Leo, de hecho, la maestra me hizo el favor de reunirlos mañana.

Así, Leo con una gran felicidad se dirigió hacia su casa, muy emocionado le conto a sus padres sobre esa oportunidad que había surgido, con algunas dudas aceptaron a ir a hablar con la maestra y el entrenador. Al siguiente día súper temprano Leo fue el primero en levantarse y alistarse, Lina la madre de Leo lo acompañó a la escuela, ya que su esposo debía trabajar, al entrar la maestra la recibió y le presentó a Eduardo, con una sonrisa le comenzó a platicar sobre su oferta.

— Soy representante de un club deportivo, y estamos interesados en Leo, es un jugador con mucho potencial, y querernos estar para ver ese proceso, claro si ustedes decidieran que Leo se enliste en el club.

— No está para saberlo, pero mi esposo y yo trabajamos para darles a nuestros hijos lo que podemos, es una gran oportunidad para mi hijo, pero no podemos cubrir los gastos que se llevarían estando con nosotros.

— No se preocupe señora, Leo estará becado y usted no pagará nada.

Al oír eso su semblante cambio, pensó que era una broma, pero al terminar de escuchar, le pidieron a Leo pasar y comentarle acerca de lo que está ocurriendo, el sin pensarlo aceptó de inmediato. La decisión había sido tomada, aunque estaba atemorizado ante nuevos cambios. Saliendo del salón corrió a ver a René para contarle que se iría en un mes, su amigo lleno de orgullo lo felicitó, animándolo a que siguiera poniendo toda su dedicación en cada momento. Llegó el día en que Leo se marcharía para perseguir sus metas. Antes de que sus padres lo llevaran su mejor amigo lo alcanzó, lo abrazó y le dio una caja mal arreglada.

— ¡Ábrela!—dijo.

Leo la abrió, eran un par de tenis, mejor dicho, el mejor par de tenis, blancos con rayas rojas en los costados, y una hermosa suela negra. Quedó impactado y conmovido por el obsequio que tanto tiempo había anhelado tener.

Con un nudo en la garganta, con miles de palabras por decir quebró en llanto, le agradeció por todo. Rene le contesto:

— Todos nos cooperamos para darte esté regalo, hasta las maestras, te queremos ver triunfar, sabemos que no ha sido fácil todo lo que has pasado y honestamente te admiro porque nunca te rendiste, por simplemente ser tú, siempre pensando en los demás, ayudándoles sin esperar nada a cambio. Ve, lucha por tus sueños, recuerda que el camino al éxito no es fácil pero no sedas, cada vez que quieras renunciar recuerda tus metas, objetivos y motivaciones eso te ayudara mucho, ten en mente que aquí serás siempre bienvenido y que estaremos esperándote con un balón de básquetbol y los brazos abiertos.

Un último abrazo en medio de llanto fue la despedida de aquellos grandes amigos, Leo y su familia partieron del pequeño barrio para mudarse a otra ciudad, la suerte claro que cambiaria, los padres de Leo encontrarían mejores empleos, permitiéndoles llevar una vida más cómoda y Jade mantendría una buena salud, Leo se convertiría en un jugador excepcional. Todo el trabajo y constancia de Leo lo llevarían a jugar de manera profesional en equipos competitivos de su país, con el dinero que el ganaba pudo apoyar a su familia de la misma manera en la que ellos lo ayudaron a cumplir sus sueños.

Pero recuerden que no todo es color de rosa y hay cosas que no se olvidan y Leo no se olvidará de Dante y en un futuro le dará su merecido...

El conejo y el río

Ángeles Guadalupe moreno Ramírez

América Hernández González

Jania Selene Vázquez Mora

Antonio Morales Rodríguez

Licenciatura en Educación Primaria
PRIMER GRADO

En el interior del bosque, rodeado de árboles grandes, frondosos, el clima era cálido, el sol brillante, demasiado, tanto que el conejo Pablo no quería salir del interior del lugar porque sentía que se quemaba. Pero tenía que ir al río, pues tanto calor le daba sed, decidido se fue dando saltitos al río, el sudor era notable en su pelaje, el sol a pesar de su brillo no era fácil de soportar, en ese momento quería que lloviera, que hubiera una tormenta. Cansado llegó al río y se encontró con algo horrible, ¡No había agua, el río se había secado!, Pero ¿cómo era eso posible?, No había agua y él tenía mucha sed.

Las rocas en el interior estaban secas, todo estaba de la misma forma: seco

A lo lejos vio como saltaba su amiga, la rana Hanna, llegó a él e igual de preocupada le dijo. — Pablo, ¡No hay agua!, tengo mucha sed— dijo afligida por la situación.

— Sí, yo también tengo sed, ¿has visto el día?, el sol parece que está cerca de aquí y está quemándome, respondió cansado.

— ¿Qué haremos, necesitamos agua?—pregunto Hanna.

— Vamos al rio del otro lado del bosque— propuso Pablo.

— Vamos— acepto y se dirigieron hacia allá

En el camino notaron que todo se veía más seco y no había sombra, al pasar por un tronco salieron a pasitos dos pajaritos, eran Julia y Julio.

— ¿A dónde van?—preguntaron ambos

—Nos dirigimos al rio del otro lado del bosque, en el de aquí no hay agua y tenemos mucha sed— explico Hanna

—Nosotros venimos de allá y no hay ni una gota de agua— comentaron los pajaritos tristes

— ¿Cómo puede ser eso posible?, ¿qué haremos? —pregunto muy preocupado Pablo— ¡moriremos de sed!

Los cuatro se quedaron en silencio pensando, y el calor los estaba asando.

El sol no dejaba volar a los pájaros, era demasiado fuerte que se cansaban apenas abrían las alas.

—Mi primo una vez me contó que en la ciudad hay ríos de piedra y el agua sale de arriba —comento Julio— podemos ir

— ¿Ríos de piedra? —pregunto Pablo— ¿es eso posible?

— Eso me dijo, hay que ir, estamos muriendo de sed y nosotros no podemos volar—dijo Julio. Los tres se quedaron pensando y decidieron ir, pues tenían que buscar agua. Caminaron todos juntos rumbo a la ciudad, no quedaba muy lejos pero el clima no era favorecedor.

En el transcurso Hanna usaba una hoja para cubrirse del sol, al poco rato todos también lo hicieron.

Casi a la salida del bosque vieron árboles cortados a la mitad, solo había troncos, ramas tiradas, pero arboles completos no.

— Aquí solía vivir —dijo triste Julia— en el árbol que estaba aquí tenía mi nido— señalo ella un tronco sin vida.

Julio la abrazo y siguieron el camino, era triste lo que veían, Pablo ya no daba brincos grandes por el cansancio y Hanna necesitaba estar en el agua ya.

Cada vez que se acercaban a la salida el cielo se iba poniendo oscuro, las nubes eran negras y el sol se escondía, el suelo tenía cada vez más envolturas de comida, hojas tiradas, latas, ¡basura!

Era algo horrible lo que miraban, todo a su paso era destrucción y se preguntaban ¿qué había pasado?, continuaron su camino hacia la ciudad en busca de agua.

Al llegar a la salida encontraron más animalitos, había ardillas, ratoncitos de bosque, más conejos, aves, gatos, perros y muchos más. Se escuchaba que discutían todos.

— ¡Los humanos han causado esto!—grito enojado un perro.

— Es cierto y ahora nosotros moriremos de hambre y sed por su culpa— dijo más enojado un gato. Pablo y sus amigos estaban desconcertados se preguntaban acerca de los humanos.

— ¿Qué sucede?—preguntó llegando Pablo

— Explícales Víctor— pidió un ave al perro

— En la ciudad hay mucha contaminación, la presa esta tapada de basura, contaminada y no hay agua en ningún lugar, tampoco se puede ir a la ciudad, ni los humanos salen porque dicen que el aire los puede matar. —explico el perro de nombre Víctor.

— ¡No!, nosotros vamos hacia allá porque no hay agua en los ríos. —dijo asustada Hanna.

— Ese igual era nuestro plan, pero no podemos ir —dijo Víctor— mi humano está en la ciudad reunido con los humanos, está igual de preocupado que nosotros, estoy seguro de que hará algo.

Pablo alzó la voz y dijo: ¡los humanos han destruido nuestro hogar! ¿Cómo podrían ellos ayudarnos?

Los animalitos voltearon a verse unos a otros asentando con la mirada lo que Pablo decía y la preocupación aumento entre ellos.

A pesar de que la mayoría de los animales pensaban que los humanos eran malos y que por esa razón el lugar estaba muy contaminado, Víctor creía en la nobleza de su humano Samuel, porque sabía que lo amaba y respetaba a los animales y su naturaleza.

En la ciudad se podía observar que la situación era terrible, pues el cielo era gris, ¡un gris muy oscuro!, el aire estaba contaminado, ya que, las fábricas estaban contaminando todo, las calles estaban llenas de basura y ninguna persona salía de su casa.

Samuel en la ciudad decidido reunirse con sus amigos, necesitaban hacer algo para mejorar la situación, pues ni ellos ni los animales tenían agua y la comida era escasa, ya no podía salir al parque a jugar ni a divertirse con sus amigos.

Samuel angustiado inicio la conversación—¡amigos!, me he dado cuenta de que varias empresas han mandado a cortar los árboles del bosque, el agua esta escasa, la comida y el aire está sucio ya ni siquiera se ve el azul del cielo. ¿Qué pasara con los animales del bosque?, ¡¿con nosotros?!—¿moriremos todos?—pregunto triste Zoila, era la hermanita pequeña de uno de sus amigos.

— ¡No!—le dijo su hermano Joan— encontraremos la solución.

—Mi padre es amigo del dueño de la empresa que quiere usar y cortar árboles, podemos pedirle ayuda—informo Dairo.

—Sí, hay que hacer eso— aceptaron todos.

Todos reunidos y con la mitad de la cara tapada con trapos se dirigieron a la fábrica donde estaba el padre de Dairo. Al llegar a la entrada observador que la fábrica se veía tenebrosa, parecía de un cuento de terror, era oscura, dañada y horrible.

Entraron con temor y rápido los vio el papa de Dairo que se acercó a ellos.

— ¡Niños!, ¿Qué hacen aquí?—les pregunto preocupado

— Papá— saludo Dairo— ¡La ciudad se ve fea, no hay agua y nosotros y los animalitos estamos sufriendo! _ informo él, muy intranquilo.

El papa de Darío mostro desinterés por la preocupación de su hijo, pues él no sabía lo que ocurría fuera de su fábrica. Desde que comenzó sus negocios se pasó encerrado años dentro de la fábrica viendo cómo crecía su fortuna junto con sus trabajadores los cuales cada día llenaban más y más sus bolsillos con el dinero que obtenían talando los árboles y vendiendo la madera, la fábrica se había convertido en su casa, ahí vivían, comían y se divertían, sin embargo, Dairo que tenía sus amigos y jugaban en las calles, empezaron a notar como, poco a poco el ambiente fue cambiando y su papá, junto con sus socios, no se daban cuenta del daño que estaban causando a la naturaleza, ya que su padre se pasaba todos los días dentro de su fábrica y sus socios, todos los días dentro de sus lujosas mansiones, ellos no tenían ninguna necesidad. Fue entonces que vio la preocupación de su hijo Dairo y no creyó en sus palabras, la tristeza se le notaba en los ojos fue así que su padre decidió abrir las puertas y salir a ver qué era lo que pasaba, fue entonces cuando se dio cuenta del daño que había causado con la presa que construyó pues la presa había comenzado a desviar el agua poco a poco hacia otros lugares, el canal por el cual salía agua hacia el río para el bosque y para los animales se encontraba tapado por la basura que producía la población, al llenarse la presa, buscó un nuevo camino, desviando el agua hacia los barrancos llenos de rocas a los que era difícil tener acceso, fue entonces cuando el padre de Dairo recapacitó, pudo ver con sus propios ojos cuánto daño generó, no pudo estar más tiempo fuera de su fábrica el aire hacía que los ojos la ardieran al respirar por el polvo que levantaba el aire por la falta de lluvia, afligido pidió a sus socios y a todo el personal que trabajaba con él en su fábrica que salieran a ver cómo es que estaba la situación fuera de los lujos en los que estaban rodeados, ahora todos se preocupaban por lo que habían causado. El padre de Dairo ordenó que se crearán más compuertas en la presa, para que bajara el nivel de agua que tenía retenida y una vez que estuviera un poco más vacía la presa sería derribada para que el agua fluyera por su camino original y reabastecer a los bosques, los ríos y los arroyos con lo que la ciudad contaba, fue así como pasaron días y apenas llegaba al bosque una pequeña cantidad de agua era un chorrito el que se podía ver en donde antiguamente era el camino de su río y así continuaron los días hasta que por fin el río se llenaba de agua cada día más, Pablo y los demás animalitos se acercaban a ver cómo era que poco a poco iba saliendo el agua de la presa cuando al llegar se llevaron la sorpresa de que Samuel junto a sus amigos, entre ellos Dairo se encontraban en la presa a punto de derribarla para que el agua fluye era en su totalidad, esto alegró mucho a los animalitos: Pablo, Jana, Julio, Julia y Víctor, los cuales al ver esto no tuvieron palabras para decir que se habían equivocado con respecto a los humanos y que algunos de ellos aún tienen empatía y bondad por nuestra naturaleza, todos somos parte de ella, debemos de respetarla.

La isla maravillas

Mari Angela Reyes Bernabé

Florencio Vázquez Pérez

Evelin Anahí Hernández Nava

Estrella de Belén Ortega Ortega

Licenciatura en Educación Primaria
PRIMER GRADO

En el Océano Pacifico había un punto, del que decía la gente, era el centro de la tierra, ahí existía una isla majestuosa y misteriosa, sin embargo, los pobladores de los alrededores no querían habitar ese lugar, puesto que los que vivieron en ella, decían que las cosas cambiaron desde que la montaña cumplió 12 años, las montañas crecían, aumentando los tamaños de sus rocas, su tierra se volvía cada vez más dura, se volvían más altas y hermosas, todo sin razón alguna, la tierra parecía triste y feliz, cambiando repentina y ocasionalmente, pues a veces parecía que sus tierras ya no daban nada, se volvía seca y rocosa, así mismo se reflejaba cuando florecían y marchitaban las flores, las montañas se pintaban verdes y de la nada las flores desaparecían, esto sucedía cada mes, los volcanes se activaban y derramaban su lava causando daños enormes y destruyendo todo a su paso y habían criaturas gigantes como arañas enormes que tejían su tela sobre los volcanes, esto claramente era extraño para los pobladores, aunque a pesar de eso las personas se maravillaban ante tales sucesos pues la isla se veía hermosa y de pronto cambiaba su aspecto de manera muy rápida parecía todo un espectáculo de fuegos artificiales, aunque todo era maravilloso había algo de la isla, aún no se entendía, cuál es el secreto, qué le sucedía a las montañas.

Mientras pasaba el tiempo, la isla comenzaba a sufrir cambios en los que ella se sentía extraña no sabía lo que ocurría, contemplaba y pensaba si todas las islas pasaban por lo mismo creía que era la única extraña y diferente, no encajaba con las demás islas, se sentía desconcertada, se preguntaba por qué los pobladores no querían vivir en ella, pero lo que sí sabía, es que la vida que llevaba ya no le parecía buena, se comenzó a dar cuenta que quería otras cosas, necesitaba cambiar su ambiente, y lo estaba comenzado a hacer, primero quería dejar de producir los árboles que tenía, pues le opacaban la belleza escondida entre sus sombras, puesto que por la sobra las flores no se producían, comenzaba a querer más animales, una gran diversidad de plantas hermosas y frondosas que mejoraran su imagen y que las cosas que antes le parecían encantadoras ahora eran simples y aburridas, ya no disfrutaba de la misma manera la brisa que desprendían las olas de sus costas, se sentía desconcertada sin saber que hacer o cómo actuar ... Un día un poblador decidió adentrarse en ella, esta a su vez se encontraba feliz de que alguien estaba interesado en conocerla y aventurarse en sus hermosos paisajes pero a la vez sentía inseguridad ya que ella pensaba que no tenía nada original y que era tan simple pero aun así, se dio la oportunidad, ya que ella se sentía sola, así que permitió que aquel hombre se adentrará para sentir un poco de compañía y saber que, aun siendo como es; aquella persona se interesara en conocerla, sin más la isla pensaba que el poblador le iba a gustar lo que tenía. Sin embargo, aquel hombre solo tomó un poco de lava porque había escuchado rumores que se contaban en los alrededores. Se decía que la lava que desprendían los volcanes era mágica y capaz de hacer maravillas. Estos volcanes apenas estaban empezando sus primeras erupciones, por lo que la lava era única. El afán del poblador por tomar la lava era que ésta podía otorgar sabiduría a cualquiera que la tocara. Sin embargo, cuando tuvo contacto con ella, el hombre experimentó un sentimiento diferente a los que solía sentir. Era un sentimiento que al principio desconocía. Ya no sentía avaricia ni ambición por la lava, así que decidió quedarse a vivir allí y conocer más acerca de la lava, también del resto se los alrededores, ya que el sentimiento que le causaba esta isla era tan hermoso, que lo llenaba de paz y lo hacía sentir seguro.

Así pasaron días con el poblador explorando la isla, en una noche fría, en la que encontró una cueva para refugiarse, al entrar en ella se llevó una gran sorpresa, se encontraba frente al gran corazón de la isla, un lugar donde se podían escuchar los pensamientos de este majestuoso escucho el cuestionamiento de aquella isla, la cual decía ¿será que soy la única isla con esta tierra tan rocosa, las montañas más desvariadas y los volcanes más activos de la tierra?, ¿quisiera comprender lo que sucede?...

El hombre al saber de esto, le grito —¡Oye! ¿Me escuchas? — La isla aun desconcertada le contesto —si— ¿y tú a mí? preguntó la isla

—¡Sí! he escuchado tus pensamientos y no eres la única isla que ha pasado por esto, te propongo algo (dijo aquel hombre), —ocasiona un diluvio o mueve un poco el mar— (la isla aún más confundida dijo)

—Y de que me serviría eso

—Solo hazlo y cuando hayas finalizado será cuando lo veras... y así fue, la isla hizo temblar los mares, tanto que trajo un par de islas más, las cuales se colocaron a los lados de ella, una isla tenía las flores más hermosas y los otros animales jamás vistos, estos eran muy exóticos de colores extraordinarios y las aves con los plumajes más majestuosos y preciosos jamás antes vistos, cuando las islas se detuvieron de tal movimiento le preguntaron: ¿tú nos trajiste hasta aquí?

— Así es— contesto la isla, —pero no fue mi idea, sino de... y un grito repentino interrumpió la conversación de estas grandes montañas

—¡Fue mi idea! grito el poblador, rápidamente las islas lo reconocieron

— ¡Vaaaaaya, vaya que eres tú Lían"

—Así es, quise traerlas aquí porque mi amiga se siente desconcertada por lo que sucede, así que quiero decirte que las traje aquí a ellas para que te digan todo lo que han pasado, porque ellas han pasado por lo mismo que tú, por supuesto que ellas son hermosas, perfectas diría yo, pero no siempre han sido así,—¿no es así chicas?

— ¡Pues no!, contesto la isla de las flores

—Nosotras ya pasamos por lo que ahora estas pasando tú, sabemos que es difícil este proceso pero te prometemos que todo esto pasara, es parte de nuestra naturaleza es nuestra transformación al terminar esta fase, el mar te obsequia una maravilla, a mí me obsequio flores hermosas y a ella animales preciosos, ahora tenemos mucha curiosidad por saber que te entregara a ti, así que te acompañaremos en este tiempo de cambio, no te preocupes estamos contigo ahora, ya no estarás sola.

Así empezó, con los vientos que venían entre las montañas se podía escuchar una hermosa melodía, cuando empezó a tener calma aves comenzaron a llegar a asentarse y posarse en sus grandes árboles, sus montañas dieron acceso a los pobladores dejando que tomaran un poco de su lava, esto ayudaba a tranquilizar las erupciones de los volcanes esto les creaba sabiduría a los hombres así que los pobladores decidieron contribuir también, crearon canales que se convirtieron en ríos y las flores empezaron a florecer por toda la isla, eran las flores más bellas que antes se habían visto, después de un tiempo la isla logro comprender que era algo normal lo que pasaba solo debía vivirlo, adaptarse y asimilar con paz y sabiduría, sobre todo aceptar la compañía, al comprender esto el mar se abrió y una gran estrella de mar le dijo: ¡a ti te concedo las maravillas de la sabiduría, bondad, amistad y amor! para ti y tu prójimo, ella les agradeció a todos, a las islas por su gran compañía y apoyo en todo su proceso, así de nuevo, creó un gran diluvio que las separo y las regreso a su amado hogar, finalmente le agradeció al hombre por su ayuda, sin embargo, él le agradeció a ella por haberlo recibido y haberle brindado el refugio y la calidez que necesitaba, así finalmente se despidieron como buenos y grandes amigos y el siguió su camino aventurándose en más islas ayudándolas a rescatar su yo interno perdido, a encontrarse y amarse por sobre todas las cosas, tenerse paciencia y así saber esperar su turno para triunfar, con las maravillas que el mar le quiera brindar.

Lana

Xóchitl Adriana Vázquez Hernández

José Luis Trejo González

Adrián Ortiz Vázquez

Licenciatura en Educación Primaria
PRIMER GRADO

Lana, es una gatita de 4 años a quien diariamente se le puede ver acompañada de curiosidad, miedo y soledad, llena de ganas de salir y ver el mundo, ¿qué se lo impide?, lo mismo que a mucha gente, la falta de recursos. Pues verán, Lana no conoce a su padre, su madre todos los días sale a vagar por el bosque, pues sabe que debe encontrar algo, pero su desgastada memoria no le ayuda a recordar que es. Además, su hermano del cual no sabe nada porque cuando ella tenía tan solo 2 años, el decidió huir dejando todo atrás y sin dar ninguna explicación.

Un día la gatita Lana despertó por causa de una luz cegadora, la cual provenía del final del bosque, ella tenía mucha curiosidad de saber que causaba dicho destello, pero también tenía miedo de dejar a su madre y su casa, además, ella nunca había llegado al final del bosque, es más, nunca había estado en él. En pocos segundos hizo un análisis de su vida y se dio cuenta que era el momento indicado para explorar, vivir, de ver una parte más del mundo y principalmente de enfrentar sus miedos e inseguridades que la vida se encargó de inculcarle, con esto en mente, tomó su mochila, bebió un vaso grande de leche, y empezó a caminar sin temor y con gran decisión de llegar al final.

Caminó por 3 días, aguantando lluvias que parecían nunca parar, neblinas que la hacían andar casi a ciegas y altas temperaturas causadas por el fuerte sol. Con todo eso encima, casi al comienzo del cuarto día y dándose cuenta de que estaba a unos pasos de llegar a la causa del destello, escuchó un maullido que la hizo detenerse, sus cuatro patas estaban temblando, su cuerpo helado, y sus filosos dientes chocaban, los de arriba con los de abajo, pues muy dentro de ella sabía que conocía de algún lado ese maullido.

De repente comenzó a ver como la radiante luz se acercaba a ella acompañada de ese maullido que no paraba de sonar, la tensión era cada vez mayor, Lana no podía ni parpadear, llegado el momento en que estaba el fuerte destello frente a ella, solo escucho risas y como alguien decía:

— Te conozco tan bien que sabía que vendrías, sabía que era hora de que exploraras un poco del mundo y sabía que ansiabas una aventura y aquí estas, parada frente a mí.

— ¿Quién eres?, ¿Cómo es que me conoces tan bien? y, sobre todo ¿Qué es eso que brilla con tanta intensidad?

La desconocida voz le respondió:

—Verás, soy aquel que cuando partió y dejo todo atrás, te hizo una promesa, la cual consistía en que volvería por ti, para llevarte a ver cada rincón de este planeta y al comienzo del viaje te regalaría un valioso y distinguido collar que brillaría a la misma intensidad que el Sol.

La expresión de Lana se llenó de alegría, y respondió:

—Sabía que algún día regresarías hermanito, sabía que no me abandonarías y mucho menos me olvidarías, pero dime, ¿qué historia hay detrás de dicho collar? ¿Dónde lo conseguiste?

¿Quién fue su dueño/a antes?

—Responderé todas tus dudas hermanita; ven, siéntate. Entonces, Lana se acercó, se sentó y su hermano comenzó a contarle la historia del collar:

Verás, hace muchos años en un pueblo muy extraño una coneja llamada Mariel se encontró en una tienda un collar muy lindo. El collar era muy particular, estaba hecho con un hilo de color negro muy resistente, y lo que más le llamó la atención a Mariel fue la piedra inmensamente brillante que estaba a la mitad del collar; le gustó y decidió quedárselo.

Al momento de comprarlo, el encargado de la tienda le advirtió a Mariel que era un collar muy especial, porque dependiendo el estado de ánimo que tuviera, era el color que iba a tomar el collar. Le explicó rápidamente unos ejemplos: si estaba feliz, iba tener color amarillo; si estaba triste, iba a tener color azul, si estaba asustada, tendría un color blanco, si estaba enojada su color sería verde.

La coneja muy feliz se dirigió a su madriguera a contarle a su mamá sobre su collar, pero justo cuando estaba a punto de entrar a su madriguera alguien la jaló por su suéter. Al voltearse, se dio cuenta que era una compañera de su salón que la molestaba, a lo que Mariel le preguntó. ¿Qué quieres? Su compañera de nombre Alexa, la vio por unos instantes hasta que se dio cuenta que Mariel llevaba un collar nuevo, se lo pidió pero, Mariel no quiso dárselo. Mariel se quitó el collar para guardarlo en su bolsa, y en eso, Alexa aprovechó para arrebatárselo y se lo puso. Mariel se puso muy nerviosa y triste, ya que quería recuperar su collar.

Alexa se estaba burlando de ella, y en eso, Mariel vio que el collar estaba de color azul, se confundió porque eso significaba que ella estaba triste, pero era todo lo contrario ya que se estaba riendo. Mariel le preguntó que, por qué estaba triste, así que Alexa solo respondió que no lo estaba, que estaba feliz por haberse quedado con el collar de ella. Entonces, Mariel le explicó cómo era que funcionaba su collar, le explicó el significado de cada color y cómo fue que se dio cuenta de su tristeza. Entonces, Alexa se quedó pensando unos momentos hasta que le dijo a Mariel que tenía razón, estaba triste porque se sentía sola y sentía que no tenía amigos.

Mariel le dijo que no había razón para que pensara eso, que, si ella quería, podían ser amigas para que estuviera feliz y no tuviera esos malos pensamientos. Alexa aceptó ser amiga de Mariel y empezaron a ponerse de acuerdo en qué iban a jugar. Cuando Alexa le devolvió el collar a Mariel, tenía un color amarillo porque estaba feliz de tener una nueva amiga. Alexa le pidió perdón a Mariel por haberla molestado durante mucho tiempo, porque ella no sabía expresar sus emociones. Mariel se quedó pensativa un momento, y le comentó que si quería podían ir a buscar un nuevo collar con el que Alexa se sintiera bien y dejara de sentirse triste.

Desde ese día, las dos empezaron una muy bonita amistad, llegaron a acordar en enterrar el collar mágico en símbolo de la amistad que tenían.

Lana se quedó muy sorprendida ante la historia que le contó su hermano, aunque también le surgieron más dudas.

— ¡Qué historia tan linda y maravillosa me has contado, querido hermano! ¿Entonces aquella luz muy hermosa y radiante que iluminó todo el bosque durante la noche era el collar?

— Así es, querida hermana. Yo desenterré el collar mágico y lo traje ante ti para que tú pudieras alejarte de la tristeza y tener nuevas y felices aventuras.

— ¿Cómo sabías que estaba triste, hermano?

— Te he estado observando durante todo este tiempo, hermanita. Entonces, un día el collar me llamó, me contó su historia y supe que tenía que dártelo, aunque tú no me veas, yo siempre voy a estar cuidándote y protegiéndote.

— Entonces, ¿el collar dónde está? ¡Me gustaría verlo con mis propios ojos!

En ese momento, el cuello de Lana se iluminó y se formó aquel hermoso y radiante collar del que su hermano le habló. Lana se quedó muy sorprendida ya que nunca imaginó que existiría un collar así, y mucho menos que ella lo tendría.

Cuando apareció el collar, tenía un color azul por toda la tristeza que había tenido durante todo este tiempo. Pero la historia del collar, el tenerlo, y el volver a ver a su hermano, hizo que sintiera una gran felicidad que nunca había sentido, entonces el collar reflejó los sentimientos de Lana y adoptó un color amarillo muy intenso.

Después de tanta espera, el hermano de Lana cumplió su promesa, la tomó de la patita y juntos recorrieron cada sitio hermoso del mundo, vieron lugares que nunca imaginaron que existirían y se llenaron de todo tipo de culturas. Fue tanta la alegría, la emoción y la felicidad que el collar recibía por parte de Lana que se iba desintegrando poco a poco, dejando un rastro brillante detrás de ellos como prueba de su viaje y de que alguna vez existieron, de hecho, en las noches al mirar al cielo, podemos ser testigos de aquel viaje sin retorno que fue marcado.

Sofia y la estrella

Marysol Moreno Pérez

Claudia González Pacheco

Melissa Hernández Garrido

Brandon reyes Hernández

Licenciatura en Educación Primaria
PRIMER GRADO

En alguna parte del mundo está un bello bosque, tan verde como las esmeraldas, las flores coloridas, las nubes como algodón. En el bosque vivía una adorable muchachita la cual estaba en espera de su verdadero amor; cerca de la noble casa de la muchachita vivía un príncipe guapo, alto, con ojos azules como el cielo y de clase alta.

Al empezar a caer la tarde Sofía entro a su recamara como todos los días, mientras ella escribía una canción y la noche se acercaba, dirigió su mirada hacia su ventana se dio cuenta que era la noche más linda de todas en donde la luna y las estrellas brillaban a su máximo esplendor las luciérnagas salían a bailar, en aquella noche iluminada; Sofía empezó a cantar una linda y armoniosa melodía, al pie de su ventana mirando las estrellas, pensando cuando llegaría su amor verdadero ¡de pronto! una estrella la iluminó.

¿A qué se debe que estés cantando angelicalmente?— Pregunto la estrella —

— Canto con sentimiento para que el príncipe escuche mi melodía, expresando mi amor por él, respondió Sofía con un profundo suspiro hacia la hermosa estrella.

La estrella murmuró — eres una muchachita noble y delicada, así que te concederé un deseo.

—Deseo que aquel príncipe se enamore de mí, dijo Sofía.

La estrella la observo y en ese momento arrojo un deslumbrante brillo; Sofía se asombró por el destello de la estrella, en ese preciso momento entro su mamá y provoco que la estrella se desvaneciera. Enseguida la mamá de Sofía le preguntó ¿que era aquel ser de luz? a lo que Sofía no respondió.

Al día siguiente Sofía iba a salir como de costumbre a recoger frutos, pero su mamá no la dejó, ella estaría castigada por no haberle contado lo que ayer sucedió por la noche. Sofía, enojada se regresó a su recamara, se recostó en su cama, pensando si volvería ver la estrella. Más tarde ella esperaba el anochecer para volver a ver la estrella, cuando de pronto siente el frio de la noche y corrió hacia su ventana para esperar la estrella.

De tanto esperar Sofía se quedó dormida junto a su ventana, ¡de pronto!, la estrella con delicadeza la despertó. Sofía abrió lentamente sus ojos viendo el resplandor de la estrella, sus ojos llenos de emoción por verla nuevamente.

¡Hay demasiados peligros afuera así que no deberías enojarte con tu mamá! —Dijo la estrella.

Sofía mencionó: Pero yo...

— El príncipe pronto llegará, no lleves prisa Sofía.—dijo la estrella con delicadeza

Sofía se quedó tranquila con las palabras que le dijo la estrella y suspiró profundamente; ella espero de nuevo ansiosa la llegada de su amor verdadero.

Al día siguiente, Sofía despertó muy contenta, al abrir su ventana se dio cuenta que estaba una carta, la abrió y al leerla vio que era del príncipe Jaime, se trataba de una cita en la laguna que se encontraba cerca del castillo. Sofía consiguió salir de su casa, dirigiéndose al lugar acordado; de pronto en el camino vio una luz muy hermosa, era el destello de la laguna. Escucho una voz...

Era un lindo caballero, era el príncipe.

¡Hola bella Sofía! — le dijo el príncipe Jaime

¡Hola! — Sofía contesto nerviosa

Sofía lo vio con una mirada hermosa.

Jaime también se sintió atraído por ella.

Sofía suspiro...

Jaime le dijo—eres una joven muy hermosa, estoy enamorado de ti, no sé, si sientes lo mismo, ¡me enamore por tu belleza! puedo entender que estés emocionada, puedo entender que estés ansiosa de saber qué es lo que va a pasar.

Sofía solo se quedó callada no dijo nada, estaba muy sorprendida de lo que le estaba diciendo el príncipe.

Sofía le contesto yo también estoy enamorada de ti.

Después de la conversación que tuvieron, cruzaron miradas y dijeron hay que conocernos bien para saber si en realidad estamos enamorados.

Los dos jóvenes estuvieron de acuerdo con la decisión.

Después de lo sucedido, Sofía se fue corriendo a su casa, emocionada y feliz por lo que había pasado.

Nuevamente se acercó la noche, Sofía estaba segura de que la estrella se volvería a aparecer en su ventana, y fue así, la estrella nuevamente llegó.

Sofía le agradeció a la estrella por cumplir el deseo que tanto anhelaba.

La estrella muy amablemente le contesto que todo era gracias a su amabilidad, sus buenas obras y por el gran corazón que tenía, en ese momento la estrella se despidió de Sofía y le dijo que esperaba volverla a ver.

Al amanecer, la mamá de Sofía le dijo que ya no estaría castigada. En ese momento Sofía corrió a bañarse y arreglarse para ir a ver al príncipe en aquella laguna.

Cuando llego Sofía a la laguna el príncipe le pregunto.

Querida Sofía ¿Qué decisión has tomado?

—Jaime la escucho.

Sofía dijo: "quiero estar contigo", me enamoré de ti desde el primer día que te vi y quiero pasar el resto de mi vida a lado tuyo siendo felices.

La estrella estaba muy orgullosa de Sofía de saber que quería en verdad y que su deseo se hizo realidad.

Sofía se casó con el príncipe y fueron muy felices. La estrella desde el cielo siempre la cuida, Sofía vive en el castillo del príncipe, ella se convirtió en una princesa, la más bonita de todas y con el cabello dorado como el oro, Sofía y Jaime siempre se amaron eternamente ya que ambos estaban hechos para estar juntos. Todas las tardes caminaban en el bosque para recoger frutos e ir al lago donde declararon su amor. Después de un tiempo Sofía dio a luz una hermosa niña, el príncipe estaba emocionado y organizó una fiesta a la cual todos los pobladores asistieron. La estrella en la noche se acercó hacia la hija de Sofía y le concedió muchas cualidades entre ellas ser la niña más bondadosa y hermosa de todo el mundo, todos vivieron muy felices.

YAÓLT; El niño que soñó el cielo

Karla Alfredo Ramírez

Adrián Crespo Rosas

Lizbeth Nochebuena Martínez

Natanael López Huerta

Licenciatura en Educación Primaria
PRIMER GRADO

Cuentan los abuelos que en lugar que irás y no volverás...

Había una aldea de valientes guerreros y hermosas doncellas. Todos dispuestos al servicio del gran imperio de Acolthua, un día festivo que pasaba como todos los demás días de celebración; mientras iniciaba la ceremonia, se escuchó un gran estruendo a la orilla del monte, justo en donde el agua comenzaba a caminar. —¿Qué pasó? —¿Oyeron? —¿Será la furia de los dioses?, y así un sin fin de preguntas, era lo que se escuchaba entre la muchedumbre. El suspenso pasó rápidamente y la incógnita fue olvidada por el pueblo... el reloj que colgaba en la entrada a la ciudad no cubrió mucho espacio con su sombra cuando se escuchó un feroz rugido, tan imponente que hasta el guerrero más valiente temió de lo que se había escuchado. Aún nadie sabía qué era lo que había dado origen al estruendo que se había percibido, y era justamente eso lo que causaba mayor temor, pero el temor no fue lo único que atacó a la población, inmediatamente después del rugido una nube tapó el sol y la sombra qué acobijó a los habitantes les causó una sensación de sueño. Los gobernantes del lugar determinaron que, la persona que dominará al ente qué ocasionaba el terror sería premiado con la gloria de generación en generación prometida para una sola persona.

El intento de levantar la mano motivó a muchos, pero nadie se atrevió a hacerlo, de tal manera que, los gobernantes pudieran ver a la persona valiente, el silencio reinaba entre la gente cuando una voz titubeaba para decir ¡YO!, la gente celebró con ovaciones, la multitud acompañaba a la persona que se había atrevido a defender a la noble ciudad. La sorpresa fue cuando subió al estrado para hablar con el gobierno. —¿Quién eres? —Le preguntaron— A lo que con fuerza respondió: —Soy Yaólt hijo de Koatl y sería un honor que me permitieran enfrentar a la bestia. —Pero si apenas eres un niño, le respondió uno de los gobernantes. Precisamente por eso es que quiero defender a mi pueblo, para que todos sepan que los pequeños también somos fuertes y sublimes, como un pedazo de leña que arde en la vereda, por pequeño que parezca si lo tocas... quema.

Las palabras de Yaólt sorprendieron a los grandes, pues un niño de su edad apenas se preocupaba por jugar y mojarse en el río, tal vez por sus por sus valientes palabras o por la desesperación del ataque fue que le concedieron emprender camino para dominar a la feroz bestia. Como todas las cosas que suceden en la vida cuando las tienes en mente se ven mejor de lo que son y justo cuando inician se ve lo más horripilante posible, lo mismo le sucedió a Yaólt cuando tomó la obsidiana y sintió el verdadero peso que cargaba un guerrero.

Cuando inició su caminata pensó en arrepentirse, pero su fuerza de voluntad, la misma que le animó a levantar la mano y gritar ¡yo! fue la que lo impulsaba a seguir su camino.

En el transcurso de su caminata encontró a un hombre cuyo aspecto intimidaba a todas las personas que lo miraban. Nadie se atrevía a dirigirle la palabra, por lo cual, nadie sabía que era un hombre honesto, amable en busca de amigos con los cuales hablar y disfrutar de lo ofrece la naturaleza, sin embargo se encontraba aislado por el desprecio de las personas.

El día que Yaólt paso cerca de él; se sorprendió al darse cuenta que no se aterrorizo al verlo, se preguntaba así mismo ¿Es verdad lo que está pasando?, ¿Cómo no me tiene miedo?, ¿En verdad me habló?, ¿Es un niño el que paso cerca de mí? El hombre tan sorprendido por esta situación prosiguió a seguirlo y preguntarle ¿No me tienes miedo?

Yaólt llegó a una aldea donde al parecer no habitaba nadie, pero después de un rato empezaron todos a salir en busca de comida y velas para el anochecer que se aproximaba. Él llegó en busca de alguien que le pudiera enseñar habilidades para mejorar su nivel físico y mental.

Se acercó a un habitante a preguntarle ¿Quién es el hombre más fuerte de esta aldea?

Por lo que él aldeano respondió: nadie puede considerarse fuerte ya que hay un ente cerca de la aldea que aterroriza a los aldeanos y solo podemos salir a estar hora ya que después ronda en la aldea sin pedir ni decir nada. Nadie se atreve a enfrentarlo es un hombre grande como un gigante es algo anormal estamos cansados de vivir todos los días con miedo, si tan solo hubiera alguien que lo pueda enfrentar a lo que Yaólt respondió ¡Yo! Lo enfrentare y esperare a que pase para salvar a la aldea.

El aldeano dudo que un niño pudiera lograr algo así, pero ya que nadie se atrevía a decir algo como enfrentar a ese ende que invade la aldea, le explico el tiempo exacto cuando venía a la aldea.

Yaólt espero paciente con algo de temor, ya que no sabía que le esperaba, llegando la hora que le dijo el aldeano todos se apresuraban a meterse a sus casas. A lo lejos se miraba una sombra enorme solo se escuchaba el sonido de unos pasos acercándose.

Yaólt sintió un nerviosismo, pero estaba firme en salvar a la aldea, cada vez los pasos se escuchaban fuertemente, hasta que de pronto todo se silenció pareciera que todo desapareció a su alrededor.

¿Dónde está? Se preguntaba Yaólt al no verlo, miró enfrente a un lado al otro, volteando lentamente hacia atrás miró a un hombre grandísimo como un gigante justo como habían dicho los aldeanos.

Al mirarlo se percató que era el hombre que encontró cerca de la aldea, el hombre se sorprendió al verlo en la aldea.

Yaólt lo saludo normal sin miedo alguno y le preguntó

¿Eres el ente que aterroriza la aldea?

El hombre sorprendido de que le hablen y no le tengan miedo sintió que se le congelo la boca a lo que moviendo la cabeza respondió ¡Sí!

Yaólt en su mente no lo podía creer es una persona normal pero es muy alta ¿Este es el ente que les da miedo? Se preguntó.

El hombre se armó de valor y le preguntó ¿No me tienes miedo?

A lo que Yaólt respondió: Claro que no, eres una persona normal y te ves muy buena persona. El hombre no lo podía creer seguía preguntándose ¿Es real esto que está pasando? Por primera vez se siente feliz de hablar con alguien. Yaólt llamó a todos los aldeanos a una reunión para darles la noticia de que no deberán tener miedo sobre el ente cerca de la aldea.

Les presento al hombre y les explico que no debe darles miedo, que es una persona igual que ellos, solo es más grande por su altura, los aldeanos poco a poco fueron acercándose al hombre, notaron que en verdad no era nadie malo, empezaron a convivir entre todos, dándole comida y abrigo lo incluían en todo. Yaólt veía a todos conviviendo felizmente. Al día siguiente reunidos nuevamente Yaólt les explico que no deben juzgar a nadie por su apariencia ya que no saben cómo es realmente, todos se miraban entre sí reflexionando sobre esta situación y empezaron a exclamar ¡Yaólt! ¡Yaólt! ¡Yaólt!, después de hablar con la aldea prosiguió a despedirse para seguir su camino. El hombre se apresuró a buscar a Yaólt, le confesó que estaba muy agradecido de mejorar su vida con el simple hecho de no juzgarlo ni tenerle miedo, también le comentó que lo seguirá a donde sea que valla que siempre estará agradecido con él, los dos prosiguieron su camino.

Moranía y el pequeño héroe tadeo

Carolina Itzel Cázares Maldonado

Diana Belén López Luna

Nabila Torres Martínez

Licenciatura en Educación Preescolar
PRIMER GRADO

Hace mucho tiempo en tierras lejanas, existió un pueblo conocido como Moranía en donde las personas eran muy descuidadas y no acostumbraban a cuidar las plantas del lugar donde vivían, tiraban la basura en los campos arruinando todo a su paso, hasta que un día las cosas dieron un giro inesperado.

Fueron días muy calurosos y la lluvia muy escaza, las plantas, árboles, la tierra cada uno de ellos se estaban marchitando, la gente se estaba quedando sin comida no había nada que cosechar, ante esta situación la gente se estaba desesperando, estaban tan preocupados que pidieron ayuda a toda la gente del lugar para solucionar el problema, pero no había nadie que hiciera algo.

Un día, menos esperado, un pequeño decidió ir a visitar los lugares cerca para encontrar una solución, ya que pronto, todo a su paso moriría, solo tomo un poco de ropa y zapatos, pues era muy pobre no tenía mucho para poderse llevar lo único que lo mantenía firme en su decisión era la esperanza.

A lo largo del camino había toda variedad de animales y plantas, algunas ya eran conocidas, otras fueron un mundo nuevo para él, sin importarle todo lo desconocido que pudiera haber, no iba a descansar hasta lograr su meta, la cual era devolver la vida y prosperidad a su pueblo.

En el camino se encontró con una señora que muy amable le pregunto—¿qué haces por estos rumbos tan solitarios?—El pequeño solo pudo responder —quiero que mi pueblo vuelva a tener vida— por lo cual la expresión de la señora reflejaba mucha duda e intriga con mucha desconfianza, por lo que, el pequeño Tadeo decidió contarle la situación que estaba pasando su pueblo y de esta manera poder estar un paso más cerca de su ideal.

La señora muy amable decidió llevarlo hasta el centro de Lumia, lugar en el cual se reúnen varias personas, con el propósito de poder explicarles lo que estaba pasando en Moranía, la gente muy amable le enseño el estilo de vida de la comunidad donde eran personas que acostumbraban a tener pequeños huertos en los que cosechan alimentos para su consumo y vender algunos otros en diferentes lugares cercanos. También, regaban las plantas constantemente pues dependía de todo ello su economía, para la basura había zonas específicas donde la tenían acumulada para que no afectara a los pobladores, con base a algunos consejos e ideas que le iban proporcionando decidió partir hacia otra comunidad vecina que llevaba por nombre Talimo.

Al viajar a Talimo se dio cuenta que la manera en que vivían las personas era totalmente diferente pues al ir por las calles se dio cuenta que, habían contenedores de basura en donde se clasificaban los desechos como orgánicos e inorgánicos había algunas cosas que no entendía completamente, pero se acercó a un establecimiento donde lo llevaron con algunos agricultores que le explicaron la importancia de cuidar el agua y como esta mantenía con vida todo lo que estaba muriendo en su pueblo, le contaron como llegaron a la clasificación de basura pues en años anteriores en Talimo, también hubo momentos donde la basura estaba dañando a las personas y su vida se veía afectada de manera grave, sino se hacía nada para solucionarlo. La mejor opción fue clasificar la basura en orgánica e inorgánica, de esto lograron que todos los desechos estuvieran bajo control y poco a poco fueron creando un hábito en las personas para tener una vida mejor quedando como enseñanza ese grave problema a consecuencia de la irresponsabilidad de otras personas. Gracias a esto Tadeo solicito información de los lugares en que pudieran apoyarlo con algunos recursos.

Por último, Tadeo fue a la comunidad de Nubería en la que encontró que la gente tenía problemas similares a los que él vivía en Moranía, se dio cuenta que la irresponsabilidad de las personas ha acabado con la tierra y todo símbolo de vida natural en el lugar, por lo que, solo había sequía y los últimos habitantes que quedaban se peleaban por tener los pocos recursos para subsistir, en este momento creyó que era bueno irse, ya que la razón que lo hizo llegar tan lejos aún estaba latente en su pensamiento.

En el camino de regreso, Tadeo se encontró con su hermana Malú y le explico que la situación en el pueblo comenzó a empeorar, fueron juntos al centro de Moranía, cuando Tadeo llego, su mirada reflejaba asombro ante las condiciones de descuido en las que estaba el pueblo, lo primero que hizo fue hablar con su familia para contarles todo lo que había vivido en su viaje a lo largo de esos días donde tuvo que pasar algunas ocasiones hambre y dormir en las calles como fuera necesario, la mayoría de la gente lo miraba con desprecio, aunque otros tantos lo fueron apoyando con sus conocimientos.

La familia de Tadeo sorprendida por todo lo que hizo y por todos los aprendizajes logrados, decidió apoyarlo en hacer un cambio en el pueblo de Moranía que pedía a gritos ser salvada, en un inicio, la gente no estaba dispuesta a escuchar todo lo que Tadeo quería enseñar, pero la madre de Tadeo alzo la voz y dijo "Moranía perecerá y nosotros con ella sino hacemos algo", esas palabras despertaron la conciencia de las personas y dejaron el egoísmo a un lado, pues al final de cuentas el pueblo no era habitado solo por unos cuantos.

Lo primero que hizo Tadeo con apoyo de sus familiares fue organizador grupos, en los cuales algunas personas se encargaron de recolectar la basura de los campos, otras fueron asignadas a limpiar el río Morila ya que sin agua limpia las plantas seguirían muriendo, hablaron con el ayuntamiento para solicitar la colocación de cestos de basura en las esquinas de las calles. Para tener una mejor restauración de las plantas y de la tierra, solicitaron apoyo a los pueblos vecinos algunos apoyaron con material para cuidar el ambiente y otros con mano de obra.

Toda esta situación sirvió de enseñanza al pueblo de Moranía para concientizar a todos, de lo importante que es la tierra, las plantas y todo lo que integra al medio natural, pues la tierra es de todos y para todos sus habitantes.

Marielita

Noemi Yoselin Fuentes Lozada

Karen Yaneli Garrido Hernández

Diana Vanessa Hernández Hernández

Dulce Mildret González Luna

Licenciatura en Educación Preescolar
PRIMER GRADO

PERSONAJES: Madre tierra, agua, fuego, aire y Marielita

PROPÓSITO: Al final de la historia exista una reflexión acerca del cuidado de la madre tierra, que los niños hagan conciencia sobre el impacto que puede llegar a tener el maltrato del ecosistema.

TEMÁTICA: Marielita es una niña muy inteligente que vivía con sus padres. Su padre es un hombre de negocios que, al tener mucho dinero, coordina gran parte de la ciudad y con ello arrasa con la madre naturaleza.

En la ciudad de Puebla, una niña bonita llamada Marielita, se encontraba admirando su patio, sola, sus padres nunca estaban con ella, la mayor parte del tiempo se encontraba en soledad, cuando sus padres llegaban no le prestaban atención y toda esa ausencia la suplían con obsequios muy caros.

Ella sabía que sus padres trabajaban en empresas, que elaboraban bebidas las cuales generaban ganancias considerables, pero también sabía que esas empresas contaminaban mucho a la madre tierra, pero sabía que sus padres no le harían caso. En sus momentos de soledad imaginaba que se encontraba en un lugar con naturaleza hermosa, un lugar tranquilo, y variados colores; también soñaba con un amigo, era lo que anhelaba, alguien con quien pudiera ser ella misma.

Una noche en su habitación cuando se encontraba sola Marielita presencio un suceso impactante, una luz verde se transformó en una hermosa mujer, que a su alrededor tenía hojas verdes por doquier, Marielita no se asustó, sino que, se sintió maravillada de ver a un ser tan hermoso, que de pronto le hablo:

—Marielita no temas, soy la madre tierra, he venido para solicitar tu ayuda, una gran catástrofe está a punto de ocurrir, ocasionará que todo ser vivo deje de existir.

¿Qué es lo que pasará?, ¿En qué puedo ayudar?—preguntó Marielita con voz tranquila.

—Tienes que venir conmigo, tengo cosas que mostrarte, yo sola no puedo hacerlo, no puedo interferir en las acciones humanas, pero tú sí me puedes ayudar. He visto que eres una niña tan noble y amable con los demás, ¡te pido me ayudes!

Marielita se quedó pensando, ¿sus padres se darían cuenta?, ¿intentarían encontrarla?, ella nunca había hecho algo malo, siempre había sido la hija perfecta, con esos pensamientos se decidió por acompañar a aquella hermosa mujer.

La madre tierra le tendió la mano y con una sonrisa dibujada en su rostro Marielita tomó su mano, juntas se teletransportaron en un portal grande de colores, hasta llegar al mar, sucio y sin vida; por lo que la sonrisa de la niña desapareció, asustada volteó a ver hacia todos lados; y pregunto:

— ¿Qué ha pasado? —

La madre tierra suspirando le contestó, —Ha sido una pena lo que ha pasado en este lugar, a veces la soberbia humana puede más que la razón, el humano puede ser muy egoísta para satisfacer sus propios intereses.

La niña se quedó pensando, cuando de repente la Madre tierra, la llevo a otro lugar, en este lugar todo se encontraba demasiado seco, el calor era insoportable, Marielita acalorada le pregunto:

— ¿Dónde está la hermosa naturaleza?, ¿Porque el aire se siente demasiado pesado?

— La explotación masiva de grandes empresas ha ocasionado este deterioro, las maquinas que trabajan en las empresas, han contaminado nuestro aire. Le respondió la Madre tierra.

Cada vez más preocupada Marielita, se preguntaba quien había causado tanto daño y deterioro a la tierra. Continuando con el viaje, llegaron a un bosque donde se observaba todo en llamas, la madre naturaleza comenzó explicando:

—Debido a los residuos que las empresas no saben dónde depositar, no encuentran más que dejarlos en áreas verdes esto va ocasionado que con el calentamiento global se produzcan incendios que no se han podido controlar, provocando así la destrucción de bosques y áreas verdes.

Marielita cada vez se ponía más triste, viendo todo lo que estaba pasando, se preguntaba sí en el futuro ella podría detener todo esto y cómo lo haría, la madre tierra le dio una pequeña palmadita y le pidió que la acompañara a un último lugar.

Así llegaron a su casa, Marielita estaba confundida, si era su casa, pero lucía demasiado diferente, el patio se veía hermoso, pero no había nadie alrededor, cuando llegaron a ese lugar la niña pudo observar que el aire estaba demasiado denso y no se podía observar, solamente con respirar le dañarían los pulmones, así que la Madre tierra, la protegió con una burbuja de aire para que pudiera respirar mejor. Dentro de la casa ella se podía observar como una mujer de 40 años y seguía estando hermosa, pero le llamaba la atención observar que su yo del futuro ocupaba una máscara, que al parecer le proporcionaba oxígeno, pero que al mismo tiempo su apariencia se veía muy triste.

Viendo por última vez a su yo del futuro, le pidió un favor a la Madre Tierra, que a la edad de 45 años le regalara una flor amarilla, Madre Tierra se lo concedió y así regresaron al pasado; cuando llegó a su habitación vio que todas las luces estaban prendidas y escuchaba sollozos en la habitación de sus padres, consternada se dirigió hacia ella, viendo cómo su mamá estaba llorando mientras su papá la abrazaba diciéndole que todo estaría bien, Marielita se acercó a ellos.

—Papá ¿qué pasa?, ¿por qué lloras mamá? dijo Marielita.

Sus padres en ese instante levantaron la mirada, mientras corrían a abrazarla, fue entonces que por primera vez Marielita se sintió rodeada de afecto.

—¿Dónde estabas Marielita? te estuvimos buscando, hemos llamado a todos los medios para localizarte.

—Estábamos asustados y angustiados, pensamos que algo malo te había pasado, sentimos que nuestro mundo se derrumbaba, sólo de pensar que no volveríamos a verte.

Marielita muy contenta se disculpó con sus padres por haberles hecho pasar esta terrible angustia, pidiéndoles que por favor se calmaran, para que ella les explicara todo lo que había pasado, la niña empezó a contar lo que la madre tierra le mostro sobre el futuro, dándoles todos los detalles, sus padres no podían creerlo, no imaginaban que eso realmente podía llegar a pasar.

Los padres se quedaron un momento pensando en todo lo que habían escuchado e imaginado, la agresión hacia la Madre tierra era un problema, en el cual ellos querían apoyar a su hija.

Los padres de Marielita empezaron a crear conciencia sobre sus empresas, logrando así que fuesen las primeras empresas en el mundo en ser biodegradables, esto tenía demasiado contenta Marielita.

Cuando llegó la hora de dormir, sus padres se despidieron de ella con un dulce beso, y la Madre tierra hacia presencia para platicar con Marielita, quien le agradeció por ese viaje tan hermoso que le había cambiado la vida.

—Ya vez pequeña, te dije que no estuvieras nerviosa porque tus padres te creerían, ellos te aman demasiado y hacen todo por ti, y afirmo, Marielita quiero que sepas que pequeñas acciones pueden impactar demasiado en nuestro futuro, y me has salvado, te estoy muy agradecida.

Lindo otoño y su querido toño

Luz Ananda Ortega Nava

Narda Dulcinea Torres Trejo

Brenda Herrera Galeote

Citlali López León

Licenciatura en Educación Preescolar
PRIMER GRADO

Toño usaba chamarras grandes para cubrirse de los fuertes vientos

Otoño siempre lo seguía de septiembre a diciembre

Toño usaba chamarras grandes para cubrirse de los fuertes vientos

Caían y crujían

Toño veía divertido arrancarlas y pisarlas

Se escuchaban tan bien

Toño disfrutaba hacerlas en pedazos pequeños

Un día cuando Toño despertó, se dio cuenta de que el árbol no tenía hojas

¿Cómo jugaría ahora?

Mientas se ponía su chamarra pensaba en que debería hacer ahora, su hermana mayor se le acercó

—Toño he visto el árbol ¿Te has puesto a pensar qué hiciste?

Toño sin comprender le pidió que salieran para que le explicara mejor

— ¿Ves ese árbol de ahí? Aún tiene hojas y cada una va cayendo en el momento adecuado, después el viento se las llevará volando y ese será el fin de su ciclo de vida sin interrupciones

Toño tardó 5 hojas más en comprender qué pisarlas solo las dañaría

Así que decidió cuidar de ese árbol hasta el próximo otoño, y así poder ver sus hojas volar

Un año después, su hermana miraba por la ventana

Aquel lindo otoño y su querido Toño.

Los guardianes de la tierra

Angélica María Hernández Galván

Fátima Abigail Ibarra Hernández

Liz Anahí Márquez Barrios

Caren Guadalupe Nava Cortés

Licenciatura en Educación Preescolar
PRIMER GRADO

Todo aquello que nos rodea es tan maravilloso, tan pacífico y necesario; el verde de los árboles a nuestro alrededor, las cascadas o la variedad de colores que podemos ver en las flores. La naturaleza podría sobrevivir sin nosotros, pero nosotros sin ella no.

Por nuestro bien, apreciémosla y cuidémosla.

Te contaré una magnífica historia que desconoces sobre todo lo que te rodea.

Antes de que se creara todo lo que hoy disfrutas, se creó el universo, Greta, la madre y sus tres apuestos pequeños Nemo, Sili y Vulcano, cada uno con habilidades especiales, llenaron de vida y color esta Tierra. Al ser los únicos habitantes, Greta les dio la responsabilidad de cuidarla y mantenerla a salvo.

Sili se caracterizaba por el color azul, controlaba el viento, podía sacudir sin dificultad enormes árboles y al mismo tiempo crear bellas melodías con ellos, también, generaba grandes remolinos capaces de llevarse todo a su paso.

Nemo, con el lindo color naranja controlaba el agua, y la esparcía para que todos los seres vivos que se encontraban en el planeta pudieran disfrutar de ella; amaba regar agua sobre las rocas y verla caer en forma de cascadas.

Vulcano, con el color rojo tan encendido como el fuego que él mismo controlaba, emitía luz y calor al mismo tiempo; el tenerlo cerca era como sentir un trozo de sol a un lado, sin duda alguna se podrían asar malvaviscos.

Conforme el tiempo pasaba, ellos desarrollaban más habilidades, al igual que cuando se encontraban en soledad, Greta al darse cuenta de esto, tomó un puñado de ella misma y algunas partes de sus hijos, teniendo como resultado una creación de seres nuevos, a los cuales llamaron "humanos". Ellos fueron su obra más maravillosa, solo debían disfrutar de las bondades que los hermanos creadores les brindaban.

A lo largo de los años, los hermanos creadores consolidaron una gran amistad con los humanos, a quienes nombraron Bioguardianes, ellos les dotaban de recursos para superarse y sobrevivir, mientras que los humanos les correspondían con cuidados.

Una mañana cuando el cielo se pintaba de colores rosados, como siempre, apareció Lennea, una chica dulce y amorosa de piel morena con cabello largo y negro como la noche, se dirigió a su jardín a cortar manzanas; luego se dirigió al granero y tomó algunos huevos, ya que, como era costumbre los Bioguardianes se reunirían para desayunar. Quienes a su vez, ayudaban a preparar el desayuno, Vulcano cocinaba los huevos y horneaba el pay de manzana, Sili ayudaba a Vulcano, avivando con su viento el fuego, mientras que Nemo y Lennea preparaban agua de frutos para todos, al terminar se sentaban a la mesa a disfrutar de la comida y a platicar.

— ¿Han escuchado lo que Basurito dice sobre ustedes?, hace dudar a los demás habitantes sobre sus verdaderas intenciones— dijo Lennea a los Bioguardianes.

Basurito era un joven muy sucio, en su casa había todo tipo de basura, por lo que Sili, Vulcano y Nemo no solían visitarlo con frecuencia, ya que siempre que lo hacían enfermaban, y como consecuencia cambiaban de color u olor, y no tenían fuerzas para apoyar a los demás habitantes.

—No nos importa, nosotros estamos aquí para protegerlos; lo que Basurito piense nos tiene sin cuidado— contestó Vulcano.

—Tengo la esperanza de que los demás no se dejen guiar por lo que Basurito diga de nosotros — exclamó Sili.

Nemo, bajó la mirada y su rostro se entristeció, pero se quedó en silencio.

—He escuchado que hay gente que le cree, y que han estado haciendo reuniones, pero seguramente solo son rumores — Dijo Lennea.

Todos permanecieron totalmente callados, terminaron de desayunar y algo preocupados. Los Bioguardianes decidieron ir a ver a la Madre tierra, para comentarle todo lo que Lennea les había contado. ¿Cuál fue su sorpresa al ver la reacción de Greta?

—"Ya lo sé todo, chicos", les dijo Greta. "Basurito sintió que la razón por la que no lo visitaban era porque no podían obtener nada de él, así que pensó que ustedes solo lo utilizaban para mantenerse con vida".

Los chicos se sintieron mal al escuchar esto y se dieron cuenta de que habían estado ignorando a Basurito sin darse cuenta de cómo se sentía. Decidieron visitarlo de inmediato y asegurarse de que se sintiera valorado. A partir de ese día, hicieron un esfuerzo por pasar tiempo con Basurito y demostrarle cuánto lo apreciaban. ¿Qué?, ¿Cómo es eso posible, si nosotros no seríamos capaces de hacer algo así? — Respondió muy molesto Vulcano.

—Lo sé chicos, siempre han usado sus habilidades para beneficiarme a mí y a los humanos, pero ellos a diferencia de ustedes son seres mortales— le contestó Greta—y esto ha provocado que Basurito piense esto y se enoje con todos ustedes, y es demasiado tarde para detener estos comentarios, lo único que hay por hacer es prepararlos para ganar una futura batalla.

Nemo, el más sensible de los hermanos, se negaba a aceptar una batalla entre los Bioguardianes y los humanos, pues sabía que las cosas no resultarían a favor de ninguna parte, y que lo más seguro era que todos resultaran dañados si se desataba una guerra, así que alzó la voz y dijo: “me niego a pelear en contra de mi pueblo, siempre lo hemos protegido y mantenido, y no seremos nosotros quienes lo destruyamos.”

Sin embargo, Greta había tomado la decisión y lo único que quedaba era esperar a saber lo que Basurito estaba planeando.

Greta los preparó para lo peor, les enseñó a luchar, y les aconsejó que no se rindieran, que los humanos entenderían que son ellos los que no podrían vivir sin el cuidado y protección de los Bioguardianes.

A pesar de todo lo que les enseñó Greta, Nemo se mantenía firme con la misma postura, él no estaba dispuesto a pelear con los que alguna vez cuidaron; pero sus hermanos no pensaban lo mismo, y estaban dispuestos a defenderse si en algún momento los atacaban.

Pasaron los días, y en el transcurso de ellos, los rumores de una batalla entre los humanos y los Bioguardianes iban tomando cada vez más fuerza.

El pueblo estaba dividido; por un lado, Basurito se hizo de muchos seguidores que tenían los mismos pensamientos que él y, por otro, Lennea también reunió mucha gente que mostraba su apoyo hacia los Bioguardianes, así que no todo estaba perdido.

Los seguidores de Basurito comenzaron a revelarse poco a poco, ya no les importaba la cantidad de agua que desperdiciaban, tiraban basura en lugares incorrectos, talaban los árboles, construyeron artefactos que suplían el trabajo de Sili, Nemo y Vulcano, estas acciones hicieron que más habitantes se interesaran en esa rebelión, así que más gente se unía a Basurito.

Lennea al enterarse de ello, no dudó en ir corriendo hacia donde estaban Sili, Vulcano y Nemo para informales; cuando los Bioguardianes se enteraron y pudieron presenciar esto, sus corazones se llenaron de enojo, tanto que iniciaron la batalla, poniendo en práctica lo que Greta les había enseñado, enviando en contra de los humanos todo tipo de desastres naturales como: remolinos de viento, diluvios, etc.

Pero todo su esfuerzo se convirtió en fracaso, porque pese a todo lo que hacían para permanecer firmes, cada vez más y más gente se unía a Basurito, por lo que acumulo más basura, incrementó el mal uso del agua, se vio afectada la contaminación del aire, y lo que algún día le dio color al mundo, ya no se veía más; las ramas de los árboles ya no se sacudían como antes, ahora los remolinos eran una señal de temor y destrucción, las flores se marchitaban porque ya no recibían las gotas de agua que les daba vida, el agua ya no corría sobre las rocas hasta formar cascadas como solía hacerlo; la luz y el calor indicaban que cerca había un incendio.

El semblante de los Bioguardianes cambió por completo, su aspecto se tornó sombrío y sus colores cada vez se apagaban más y más. Nadie se daba cuenta de lo que sucedía, solo Lennea quien los siguió apoyando, e incluso cuando ellos estaban cansados de defender su hogar. Angustiados del caos que se había originado tomaron una decisión.

"Es hora de retirarnos" — dijo Sili

"¿Por qué terminamos así?" — Susurro Nemo — "Son unos mal agradecidos"

Y poco a poco fueron desvaneciéndose.

Fueron pocos los humanos que pese a todo lo sucedido comprendieron que la situación que enfrentaban fue el resultado de las acciones de Basurito y sus seguidores, y que los que sufrían más y en silencio eran Sili, Nemo y Vulcano, sin mencionar a Greta, que desde que la batalla dio inicio agonizaba de dolor.

Los Bioguardianes se rindieron, y pensaron que lo mejor sería mantener la esperanza en aquellos seres que fueron construidos con partes de ellos mismos. Quienes algún día recapacitarían, y se darían cuenta que esa amistad tan estrecha que existió en el pasado, eventualmente regresaría.

Sin duda, solo los humanos tienen el poder de devolverle la fuerza a los que en el inicio les dieron todo para sobrevivir, pero esto será hasta que reconozcan lo que perdieron.

¡Ojalá no lo hagan demasiado tarde!

Salvando montealegre

Larisa González Arroyo

Lizeth Gabriela Ramírez Hernández

Estermiriam Silva Saviñón Hernández

Dafne Vázquez Moreno

Licenciatura en Educación Preescolar
PRIMER GRADO

La vida en Montealegre era perfecta, era un lugar muy hermoso lleno de colores y de felicidad en cada uno de sus rincones, todas las personas eran cálidas, respetuosas y amables, los paisajes que se miraban por el día y por la tarde en el cielo eran inigualables, todos muy hermosos y con colores vivos; la inmensidad de distintas flores de diferentes colores que existían en los campos lo hacían parecer un paisaje pintado, delicadamente por un gran experto, todos sus alrededores eran pintorescos, las casas brillaban con colores primaverales como el rosa, amarillo, azul, verde y muchos más.

Su gente reflejaba lo felices que eran, sin duda eran considerados como uno de los países más hermosos que existía en todo el mundo y su nombre claro, que le hacía honor a todo ese sin fin de cosas maravillosas que se podían ver en Montealegre.

Pero, así como todo era hermoso y feliz en Montealegre, en el país vecino existía gente malvada. El rey del país vecino llamado "Costul" estaba muy enojado porque Montealegre era un lugar muy bonito y todos querían vivir en él; mientras que en su país la gente ya no quería vivir, ya que era todo lo contrario y por más que intentaba imitar la vida que llevaban las personas de Montealegre e incluso intento copiar sus hermosos paisajes recurriendo a procesos muy peligrosos con químicos que solo causó que el país estuviera aún más en riesgo, recurrió a destruir al país vecino ya que ante miles de intentos por querer tener un país tan hermoso como lo era su país vecino se le ocurrió una muy macabra idea, su idea consistía en mandarles una horrible y enorme carga de contaminación, desechos tóxicos que harían que el país de "Montealegre" se convirtiera en un lugar tan desagradable, inhabitable como lo era el suyo.

Para dar inicio con su plan, eligió algunos de sus mejores secuaces, para que durante la noche mientras todos los habitantes de "Montealegre" descansaban y soñaban felices, ellos se encargaban de destruir sus hermosos paisajes con enormes cantidades de desechos tóxicos, que desde hace tiempo acumulaban, su plan era regar dichas sustancias en todo lo hermoso que tuvieran y así fue como lo hicieron, comenzaron derramando los desechos por todas las áreas verdes que existían, las flores inmediatamente se quedaron sin pétalos, e inmediatamente la luz que irradiaba al país de "Montealegre" iba disminuyendo, había basura por todas partes y los desechos en todas las áreas era demasiado perceptibles debido al mal olor.

El rey al ver que su cometido estaba dando frutos decidió enviarles una gran nube negra de contaminación ambiental, esto lo hacía para que el hermoso país se derrumbara, se volviera tan repugnante que fuera imposible vivir en él.

De pronto todo a su alrededor se volvió gris, parecía un país sin vida y sin un toquecito de brillo por lo menos, todos los campos que antes eran verdes y que tenían hermosas flores de todos colores brillando por cualquier parte, ahora se encontraban olvidados y en pésimo estado, todas las flores que antes resaltaban por su hermosura y felicidad ahora solo reflejaban tristeza con sus pequeños petalitos agachados, todas parecían extrañar la luz resplandeciente que el sol siempre les proporcionaba para vivir, pero este ni siquiera se asomaba desde hace algún tiempo y el cielo que se pintaba siempre de colores alegres parecía estar triste y así como todo su alrededor era gris y transmitía tristeza, toda la gente que vivía en "Montealegre" se volvió gris, los niños ya no salían a jugar a las calles, siempre se encontraban en casa con una cara de tristeza, todos los adultos realizaban sus actividades diarias como era costumbre pero en ninguno de ellos había un reflejo de felicidad, se pasaban el día sin una expresión positiva en su rostro, reflejaban cansancio e infelicidad, para toda la gente era muy triste y feo.

Todo había cambiado en cuestión de días debido a todo el mal que el rey había mandado a realizar a todos los habitantes de Montealegre, el rey se encontraba demasiado feliz al lograr su objetivo ya que todo lo que había planeado le había salido de acuerdo con el plan y ahora solo faltaba que la gente deseara irse del país que alguna vez fue su hogar.

Pero el rey de Montealegre no se quedó con las manos cruzadas, decidió buscar una solución para recuperar todo lo bonito de cada rincón del lugar, pasó toda una noche pensando en lo que podía hacer y justo cuando amanecía se le ocurrió la gran idea de convocar a todos los habitantes para pedirles su ayuda y limpiar cada parte del país, toda la población estuvo de acuerdo, al igual que los niños ayudaron respecto a la limpieza, todos apoyaban en levantar cada basura que se encontraban y la iban clasificando en orgánica e inorgánica, todo eso fue de gran ayuda para los niños, ya que aprendieron la importancia de cuidar el planeta, también aprendieron a separar la basura y todas personas aprendieron a trabajar en equipo, ya que de esa manera todo fue más fácil y rápido.

Beto un niño muy alegre y con una imaginación muy bonita, había escuchado la historia sobre un mago en las alturas de Montealegre, los habitantes no le creyeron ya que pensaban que eran historias o simplemente parte de su imaginación. Él, con su grupo de amigos estaba convencido de la existencia del mago, a lo que emprendieron el viaje hacia la montaña Risas. Sabían que el camino sería algo difícil de llegar, pero no tardado enfrentaron vientos despiadados, bosques repletos de niebla negra, pero al final llegaron. Al llegar tenían que cruzar por un puente para poder llegar a una puerta, al llegar tocaron y una voz misteriosa les dijo, ¡si quieren hablar con el mago una adivinanza tendrá que descifrar de no ser así su voz no escuchará!

Todos asombrados pero firmes en poder encontrar la respuesta la voz misteriosa les dijo: Soy el que jamás descansa, va y viene sin cesar. Nunca me puedo secar. Jamás te aburrirá mi danza. En presencia o añoranza tú siempre me vas a amar.

La respuesta era: "El Río". Con la respuesta correcta, la puerta se abrió y el mago los recibió con una sonrisa. Les explicó que tenía el poder de hacer que las cosas volvieran a ser como antes, pero que necesitaba la ayuda de todos los habitantes de Montealegre para lograrlo. Los niños volvieron al pueblo con una nueva esperanza y contaron a todos los habitantes sobre el mago y su propuesta. Todos estuvieron de acuerdo en ayudar, y con el trabajo en equipo lograron limpiar todo el país. El mago cumplió su promesa y devolvió la luz y el color a Montealegre, y desde entonces todos los habitantes se comprometieron a cuidar y mantener su hermoso país.

El rey accedió y junto con sus habitantes empezaron a limpiar su país, para que fuera bello como Montealegre, reciclaron la basura, dejaron de desperdiciar el agua, se pusieron a sembrar árboles y así ambos países recibieron el amor y calidez de la madre tierra y fueron muy felices todos los habitantes, ya no existía la envidia, ahora todo era paz, armonía y amistad entre ambos países.

Las aventuras de torti la tortuga y jerry la rana

Natasha Itzel Díaz Vargas

Blanca Itzel Muñoz Hernández

Monserrath Hernández Barrios

Valentina Hernández Anaya

Licenciatura en Inclusión Educativa
PRIMER GRADO

Baikal es un mundo submarino en el que todos los animales se ocupan por igual de la limpieza y el cuidado del fondo del lago, pero a pesar de eso cada día hay más suciedad.

Esta historia comienza con una pequeña rana llamada Jerry que le gustaba dar muchos paseos en su hogar que era un pequeño lago ubicado cerca de la carretera; un día en uno de sus muchos paseos se encontró con un montón de basura que estaba al lado del lago, la rana Jerry al mirar más de cerca pudo observar una pequeña tortuga llamada Torti la cual se encontraba atrapada en una botella de plástico, Jerry corrió a salvar a Torti para así poder llevarlo con su familia, esto era demasiado para la familia de la tortuga ya que siempre se quedaban atrapados entre la basura.

Jerry estaba muy enojada con todo lo que estaba pasando y como su hogar se ensuciaba día a día, así que, llamo a sus amigas que estás mismas llamaron a sus amigas y todas juntas hicieron una reunión para decidir qué medidas podían tomar.

Torti que había visto la reunión de la ranita llamo a sus amigos de la pandilla que llamaron a sus amigos e hicieron una junta de tortugas de su vecindad en la que decidieron:

— Vamos a subir a la superficie para decirles a los seres humanos que dejen de ensuciarnos el lago y depositen sus desperdicios en los botes que están asignados para la basura.

Torti y sus amigas se pusieron en marcha hacia la superficie; sus amigas estaban temerosas por las aves así que les dijo:

— Para que no nos coman las aves, hay que escribir desde adentro:

Cómo estaban aprendiendo a escribir, crearon un mensaje que pudieran ver desde la orilla y desde el cielo.

— "Basta ya, queremos el lago limpio".

La gente venía de todas partes de la ciudad, para ver tan sorprendente mensaje que podía leerse en la superficie del lago.

Por otra parte del lago, Jerry y sus amigas decidieron tapar el desagüe por el que venía la basura de la ciudad.

— Así no podrán tirarnos su basura al mar, dijo Jerry.

— Sí, ellos hacen tanta basura que se queden con ella, contestó Torti.

Cómo Torti y sus amigas se habían quedado limpiando su hogar, pronto el lago estuvo precioso, aunque las plantas y algas tardarían en recuperarse.

Al pasar el tiempo en la ciudad se fue llenando de basura, las personas se preguntaban

— ¿Qué está pasando? Se oía por todas partes

— ¿Esto qué es? gritaban con asombro.

— Es nuestra basura, algo se nos tiene que ocurrir no podemos estar así, son ellos o nosotros.

Mientras ocurría todo eso en la superficie, en el fondo del lago Torti y Jerry iban nadando felices aprovechando que era un día hermoso, ellos iban riendo mucho y sin darse cuenta ya habían empezado una carrera para ver quién nadaba más rápido, cuando de repente a Jerry se le escucha decir:

— ¡Torti cuidado!

Una gran cantidad de peces iban pasando enfrente de ellos por lo que se detuvieron a observarlos.

— ¿Qué fue eso Jerry?, ¿Por qué esos peces estaban nadando con tanta prisa?

— Ni idea, pero pareciera que los estuviera persiguiendo algo.

Un último pez iba pasando por ahí, por lo que intentaron preguntarle.

—Hola señor ¿Cómo está?

—Niños ¿Qué hacen aquí? Este lugar es muy peligroso para dos niños como ustedes, en cualquier instante puede caer uno de esos y...

El pez muy asustado fue nadando de prisa para esconderse detrás de una roca que estaba por ahí.

Torti se acercó a él y le pregunto:

—¿Esos?, ¿A qué se refiere? ¿Por qué los peces estaban muy asustados?

—Acaso no lo saben, en la mañana todo el lago fue tomado por los humanos, varios nidos fueron destruidos.

Ellos sorprendidos y asustados dijeron:

—¿Qué?, No puede ser, acaso no fue suficiente lo que hicimos hace unos meses, esto es el colmo.

Torti le pregunta al pez:—¿Qué ha pasado con los demás?, ¿Cómo están?, Díganos por favor.

El pez muy asustado, no supo contestar y salió huyendo de ahí.

Torti y Jerry salieron apresurados de ahí intentando llegar a su hogar, Torti estaba muy apresurado que se olvidaba de Jerry.

—Torti espérame, Torti espérame, tú crees que...

—Jerry no hables, solo nada rápido para que podamos llegar

Ellos iban nadando tan rápido como podían, cuando de repente Jerry encuentra a su familia, él estaba contento por haber encontrado a sus padres pero Torti aún no lo hacía.

—¿Y mi papá?, ¿Alguien ha visto a mi papá?

—No Torti, todo paso muy rápido, de repente caía mucha basura y destruían todo, algunos lograron escapar de milagro, todos huyeron, lejos de sus hogares.

—Pero mi papá, lo tengo que buscar.

—No vayas es muy peligroso, las personas siguen arrojando desperdicios al lago, mejor ven con nosotros.

—¡No!, Puede estar en peligro.

Torti salió nadando apresurado de ahí, dejando atrás a Jerry, el intento seguirlo pero sus padres lo detuvieron.

—No Jerry, es muy peligroso, nosotros también tenemos que huir de aquí, ya que los humanos siguen arrojando basura.

—Pero papá, tengo que ayudarlo, es mi amigo.

—Vamos hijo, no podemos hacer nada.

Torti se dirigía a su hogar en busca de su padre, no quería perder otro miembro de su familia, pues su madre había sido aplastada completamente por una enorme bolsa de basura, en el cual había perdido la vida.

Al buscar por todas partes y por los montones de basura puedo escuchar una voz muy débil que decía:

—¡Ayuda!, ¡Ayuda!, ¡Ayuda por favor!, ¡Ayuda!

La cual pudo reconocer, se trataba de su papá que estaba atrapado en un anillo de plástico el cual estaba alrededor de su cuello; al intentar varias veces quitárselo no podía, unos minutos más tarde escucho la voz de Jerry que lo estaba buscando.

¡Torti! ¿Dónde estás?

¡Jerry aquí estoy ayúdame!

Jerry al llegar al lado de Torti observo que su papá estaba muriendo porque no podía respirar, al ver que Torti estaba muy preocupado le propuso una idea:

Torti, vamos a la superficie a pedir ayuda a las personas

No, Jerry las personas causaron esto

No seas tonto Torti tu papá está sufriendo, tenemos que ayudarlo

Torti sin más que pensar y salvar a su papá subieron a la superficie, pudieron observar como las personas tiraban la basura al lago; al salir del lago se acercaron a un señor que estaba con otras personas.

Al verlos sintieron culpables y ayudaron al papá de Torti a quitarse los anillos de plástico, las personas se dieron cuenta que lastimaban a los animales del lago y de inmediato se pusieron a limpiar, Jerry y Torti les dijeron a los demás animales que también ayudaran.

Amigos hay que ayudar para recuperar nuestro hogar

¡Sí!, nuestro hogar otra vez estará hermoso.

Los animales subían la basura a la superficie mientras que las personas lo recogían y limpiaron durante todo el día el lago, así tanto las personas como los animales aprendieron cosas nuevas; las personas a no tirar la basura ya que afecta a los demás, los animales a no juzgar y a no tener miedo de lo desconocido, pero ambos aprendieron a convivir unos con otros y a vivir en un lugar limpio.

El mundo de las jirafas

Ana María Martínez Cruz

Laura Garrido Vázquez

Elizabeth Juárez Domínguez

José Ángel Garrido Cruz

Licenciatura en Inclusión Educativa
PRIMER GRADO

PRIMER GRADO Está es una historia con mucho que decir, más vale que la leas para poder tu destino seguir. Normalmente la tierra de las jirafas no tiene mucho que contarnos ya que todo es muy rutinario: el río representando la abundancia en el agua, el cielo azul con nubes de diferentes formas y tamaños, las jirafas son felices buscan formas a cada una de ellas, los pájaros que vuelan en parvada por todos los rincones del paraíso, la abundancia en la vegetación, desde lo más lejos se pueden ver por todo el paisaje la gran cantidad de flores que cada día van creciendo, en especial las amarillas ya que estás permiten que todas las bebés jirafas desarrollen ese color tan bonito que las distingue. Cada mañana las mamás les dan a sus pequeños, girasoles y tulipanes amarillos para que poco a poco den a su piel un tono brillante. En esta tierra todo lleva un orden desde lo más mínimo hasta lo más complejo. Aunque es un paraíso todos los pequeñitos están sometidos a reglas estrictas a seguir, a todos los varones se les debe vestir únicamente con ropa y zapatos azules, cómo único sueño solo pueden aspirar al trabajo de su padre: si papá jirafa es doctor, en un futuro ellos también tendría que serlo pero eso no les impedía divertirse todos los días ya que tienen las libertades para jugar en la tierra, correr a toda velocidad por el campo y hacer varios amigos, todo lo contrario a las niñas ya que ellas no podían estudiar porque su único deber para el futuro sería ser una buena ama de casa, incluso no se les permitía estudiar. Esta forma de vida se llevó durante varios años hasta que un día Sofía junto a Edgar, un carpintero demasiado inteligente, decidieron tener un hijo que desde su nacimiento era algo extraño para ellos, era totalmente blanco. Decidieron llamarlo Carlitos, ellos creyeron que alimentándolo con frutos y flores de color amarillo tendría esas manchas cafés y ese pelaje amarillo que distingue a todas las jirafas pero conforme iba creciendo vieron que la comida amarilla no hacía efecto y continuaba siendo blanco.

Cuando Carlitos comenzó a ir al colegio todos los pequeñitos incluyendo los profesores lo veían muy raro porque no era como ellos, solo un maestro lo animaba a que no se sintiera mal porque no tuviera con quien jugar, ni comer junto a él. Porque creían que su palidez se trataba de una enfermedad contagiosa, esto hacía que Carlitos se sintiera mal con el mismo por no ser como los demás.

Un día caminando rumbo a su casa encontró a un ave, su sorpresa fue mucha porque ambos eran del mismo color.

—¡Hola pequeño! Mi nombre es Haly ¿Y el tuyo? Preguntó la avecilla.

— Holaaa... (con voz tartamuda) mi nombre es Carlitos, nunca había visto un ave color blanca, eres muy bonita (le sonríe).

— Tampoco había visto una jirafa tan peculiar como tú, tienes un pelaje tan hermoso y brillante (contesto Haly)

—¿En serio lo crees? ¡Valla! Eres la primera en mencionar que tengo algo bonito, no tengo amigos porque piensan que podría dañar su color de piel debido a que la mía es blanca y la de ellos amarilla con manchas cafés, creo que tienen razón, respondió Carlitos.

—Nada de eso, ¡Exclamó Haly!, tú eres especial tal y como eres, solo que no todos pueden ver lo magnífico que eres.

Aunque Carlitos sentía pena al hablar debido a que no tenía amigos eso no evito que ambos se llevarán bien. Cada tarde después de clases los dos salían a correr al jardín, pero Haly se cansaba con facilidad, Carlitos noto que en el tiempo que llevaban conviviendo ella nunca había volado.

—¿Acaso no vuelas como las demás aves? —Pregunto Carlitos—

— Poco antes de conocernos una persona me intento cazar por suerte pude escapar, me lastimo una de mis alas y desde entonces no he podido volar junto a mi familia.

Carlitos sintió tristeza así que decidió subirla a su espalda, para seguir jugando con ella. Poco a poco la avecilla fue recuperando la movilidad en su ala hasta que pudo elevarse.

Carlitos sintió mucha alegría por ver jugar a su amiga. A pesar de esto Haly seguía con Carlitos porque le había tomado mucho cariño a su nuevo amigo, eran inseparables.

Cuando la primavera llegó muchas de las aves regresaban de su emigración, Haly estaba muy contenta porque por fin vería a su familia y amigos, Carlitos le acompañó para recibirlos, pero cuando la parvada llegó noto algo muy extraño, todas eran color gris.

—¡Haly te extrañamos mucho! Gritaron las aves emocionadas de verla después de tanto tiempo.

Carlitos se sorprendió porque a diferencia del Haly tenía muchos amigos a pesar de no ser del mismo color que ellos. Esto le ayudo a darse cuenta que el problema no era él, sino las jirafas por creer que era algo malo. Después de unos días una familia nueva se mudó al sitio, esta estaba conformada por un papá que era doctor, una madre pintora, una bebé jirafa y un varoncito muy alegre y juguetón. Todas las jirafas se quedaron asombradas al ver que la familia era de color blanca. Para Carlitos fue muy extraño ver a una familia con las mismas características que él ya que nunca había visto a una jirafa del mismo color, él pensó que la familia tampoco tendría amigos y estaría muy triste pero era todo lo contrario, al acercarse Carlitos se dio cuenta que esta familia era muy amable y no les importaba su color, así mismo la madre no tenía que estar limpiando y preparando el almuerzo todos los días por qué también papá jirafa ayudaba en sus tiempos libres, así que esto despertó la curiosidad de Carlitos.

Una tarde la familia de Carlitos había ido al arrollo a tomar agua de regreso a casa se encontraron con sus nuevos vecinos. .

—¡Hola!, doctor como ha estado, supe que teníamos nuevos vecinos, pero no lo había podido conocer.

—Un gusto, respondió el doctor.

—La madre de Carlitos, asombrada dijo, qué bien se ve, con una gran sonrisa.

—Los pequeños hermanos invitaron a Haly a jugar, así que decidieron recorrer todo el campo.

A lo lejos solo escuchaban las voces de sus padres que decían ¡Cuidado niños! ¡No corran fuerte, se pueden lastimar, regresen a casa pronto, antes de que el sol se oculte!

El señor Edgar les platico como se sentía Carlitos al tener un color diferente a los demás y que hasta ahora solo tenía como amiga a un ave. El sol se ocultó, la noche estaba por comenzar a caer, se sentía fría y decidieron que pasarían la noche con la familia de Carlitos ya que no conocían el lugar, antes de que terminara de obscurecer alcanzaron a ver a sus pequeños hijos.

¡Que alegría!, pensaba su madre, nunca lo había visto tan contento, desde que se encontró con Haly y ahora con los pequeños vecinos.

Por la mañana, decidieron ir todos juntos al campo para juntar su comida, para que después los padres se puedan ir al trabajo.

Haly venía por lo alto del cielo, volando con toda su familia, saludaron a las dos familias que iban en busca de alimentos.

Después de alimentarse los padres de Carlitos decidieron pasar a dejar a sus hijos a la escuela. Mientras que iba Sofía a recoger unas hierbas por el campo para darle alimento a su pequeño, pero Mary era una gran pintora que le encantaba plasmar en sus obras la naturaleza, retratos de muchas otras familias de jirafas y también lo hermoso que son los atardeceres.

De regreso el señor Edgar y el doctor fueron por sus hijos a la escuela y se dirigieron a casa. Decidieron salir a pasear antes que el sol se ocultara y en la orilla del rio se encontraron a Haly aquella ave que a pesar de todas sus dificultades volvió a volar por lo alto.

¡Hola amigos! Hola Haly, no se vallan quiero platicarles algo que el maestro nos compartió hoy.

Madre, el maestro nos ha dicho que algunas veces nos parecemos a nuestros abuelitos. Y que el color depende de nuestras familias. Mis compañeros se disculparon por burlarse de mí.

Hijo tu eres parecido a tu abuelo, pero él ya no está con nosotros porque tuvo que tomar un largo viaje al espacio y ahora él se convirtió en una estrella.

Claro, y como mamá dijo seguramente yo soy igual a él, tengo su mismo color, así que no me preocuparé más por no tener esas manchas color café como los demás niños.

Haly, seguro tu igual te pareces a tus abuelitos.

Haly respondió, claro eso es posible.

La señora Mary dijo, a mí me gustaría que la señora Sofía también hiciera algo en su tiempo libre y no solo fuese al campo por hierbas, en cambio todos podemos ir en busca de alimento. Ella puede hacer algo que le guste como por ejemplo a mí me apasiona la pintura.

Enserio, ¿cree que podría? A mí me gustaría aprender a tejer.

Claro eso es posible. Respondió Mary sonriente.

Pero, dígame señora Mary ¿porque le gusta pintar?

Porque cada imagen representa momentos bonitos por los que he pasado al lado de mi familia y amigos.

En ese momento la señora Mary dijo, me gustaría guardar un recuerdo, así que comenzó a pintar un hermoso cuadro, cuando estaba a punto de ocultarse el sol y la luna por aparecer.

El bosque y los ogros

Guadalupe Méndez Pineda

Sara Isela Gutiérrez Sánchez

Marisol Vargas Tolentino

Licenciatura en Inclusión Educativa
PRIMER GRADO

En un lugar llamado Salimagú vive Lolo una ardilla que usa lentes y sombrero de explorador color amarillo; Lolo va de árbol en árbol explorando los bosques y haciendo amigos de diferentes especies a la par que conoce y descubre nuevos lugares, donde les cuenta maravillas de Salimagú y su experiencia en tan excepcional lugar y todo lo que investiga en sus búsquedas.

— Lolo: Salimagú es un lugar donde se vive feliz, tranquilo y con una gran emoción al observar el resplandor del sol todas las mañanas, el agua de los ríos es cristalina, los pajarillos cantan y donde la naturaleza lo abraza con un fuerte y cálido ambiente.

Los animales del bosque quedaban fascinados con las historias que Lolo les contaba, entre ellas que un día pasaba cerca de un gran árbol en el cual se decía que existían hadas diminutas, brillantes y tan hermosas en su interior quienes se decían que cuidaban a toda la naturaleza de Salimagú por lo que él decidió comprobarlo, se asomó por un pequeño agujero del tronco y no vio nada, entonces decidió subir a la punta del árbol para asomarse desde ahí, pero al ir subiendo se llevó una gran sorpresa, pues una de sus patas se atoró, al intentar salir se golpeó la cabeza y cayó en el centro de aquel gran árbol donde se quedó dormido por un rato ya que se dio un buen golpe.

Al despertar se dio cuenta que los rumores eran ciertos y si existe el reino de las hadas, la reina se acercó a Lolo y le pregunto:

Atzura: ¿Tú quién eres?, no te había visto por estos rumbos.

Lolo: En el bosque dicen que existía un reino de hadas y tenía curiosidad de saber si era cierto, pero ahora me doy cuenta que en realidad existen.

Atzura: Existimos desde hace años pero nuestro pueblo ha estado en peligro por la maldad y crueldad de los ogros, además de eso un día apareció uno con su deseo de colonizar y poblar la Tierra, con el afán de conseguir riquezas; así inició una gran labor de destrucción de la naturaleza como por ejemplo, talando los árboles y ensuciando el agua de los ríos, por eso nos ocultamos en el bosque.

Lolo: ¿Qué pasa con las hadas que capturan los ogros?

Atzura: Las hacen sus esclavas y ya nunca las volvemos a ver.

Lolo queda asombrado al escuchar a la reina y nota la tristeza en su rostro, decide ya no seguir preguntando sobre eso y les ofrece su ayuda; ella se lo agradece pero le explica que es muy peligroso y riesgoso porque la única forma es enfrentar a los ogros.

De inmediato Lolo se retira a hablar con los animales, saliendo del árbol de un salto, en el camino se encuentra con el conejo Tom, a quien le cuentan lo que les pasa a las hadas pero al enterarse de la existencia de los ogros siente mucho miedo; por esa razón comenta que no podrá ayudarles.

Lolo lleno de tristeza, inseguridad e impotencia de no poder ayudar sigue su camino por el bosque, al darse cuenta de lo que había caminado, estaba muy preocupado hasta que encontró a Tita la paloma, a quien nuevamente le habla de la situación que viven las hadas y de la idea de desterrar a los ogros.

Tita: Me parece buena idea así que te ayudaré a reunir a otros animales para poder desterrar a esos horribles ogros.

De inmediato, Tita se fue volando y encontró a Rolo el venado quien busco a Lolo para preguntarle de que manera podría ayudar.

Todos los animales se reúnen para hacer un plan y ayudar a las hadas:

Entre todos acordaron ir a hablar con el líder ogro quien daba la orden a los demás ogros de talar árboles y hacer sus casas de madera. Después Tom arrepentido y temeroso llega a la reunión con los animales, Lolo lo pone al tanto de lo que tienen pensado hacer para lograr su meta y ya no haya tanta destrucción en el bosque.

Lolo y los animales del bosque se aventuran a ver al líder de los ogros, van ya de camino cuando los ogros los sorprenden en medio del bosque dirigiéndose con su líder así que los capturan y los llevan a un lugar donde hay aguas estancadas, alrededor de este paisaje estaban asentadas sus casas de madera, entonces la ardilla pidió hablar con el líder de los ogros, pero se lo niegan ya que hasta los mismos ogros le tienen miedo, por esa razón siguen todas sus órdenes.

Durante días permanecieron dentro de unas trampas de la cual no pueden escaparse ya que está llena de espinas a si mismo está llena de magia para que nadie pueda salir de ella por esa razón atrapan a algunas hadas ya que ni ellas pueden salir y ahí fueron encontrados por las hadas ya esclavizadas, a una de ellas apenas la habían capturado por lo que sabía del plan de Lolo y entendía la razón por la que habían llegado hasta ahí.

Mientras los ogros dormían el hada los libera y les pide que se alejen para que no les hagan daño, entonces ellos temerosos de que despierten regresan al lugar donde vivían.

Poco después un fuerte aire derrumbó las casas de los ogros liberando al mismo tiempo a las criaturas que habían sido encerradas por años, esto era señal de que pronto llegaría el invierno. Cuando los animales regresaron a sus hogares empezaron a guardar comida pues sabían que muchos de ellos tendrían que invernar, principalmente la ardilla Lolo.

Por fin llegó el día, los árboles se cubrieron de nieve, los copos caían y los animales se fueron a refugiar en sus madrigueras, donde invernaron durante 6 meses, Rolo el venado no se fue a refugiar y comenzó a notar que los ogros habían sido afectados por el fuerte aire.

El venado se acercó un poco temeroso a los ogros y les preguntó...

—Rolo: ¿necesitan ayuda?

Los ogros recordaron cuando las habían capturado y avergonzados contestaron:

— Ogros: el aire que marcaba el inició del invierno acabó con nuestro hogar y con todas nuestras cosas.

— Venado: yo puedo ayudarlos a refugiarse, los llevaré a una cueva en donde podrán quedarse hasta que termine el invierno.

Los ogros quedaron encantados con su refugio y decidieron permanecer ahí, al término del invierno; los ogros arrepentidos de sus actos ofrecieron disculpas a todos los animales y prometieron ya no volver a dañar el bosque.

El reino de gaia

Ileana Grisel Riévoles Castillo

Elvira Martínez Sánchez

Luz María Martínez Cárdenas

Licenciatura en Inclusión Educativa
PRIMER GRADO

Había una vez en una gran ciudad gobernada por humanos, un hombre poderoso llamado Lázaro. Era un hombre alto, delgado, con una barba larga que le llegaba al cuello, ojos oscuros y pelo negro lacio un poco despeinado. Siempre vestía de trajes finos y grandes corbatas. Él construía grandes fábricas que dañaban el ambiente.

Al señor Lázaro, no le importaban las demás personas, ni las familias, ni escuelas, ni tiendas de dulces; solo le importaban sus fábricas y cada día planeaba destruir un lugar para poder ubicar ahí alguna de sus empresas. En una mañana de abril, sabiendo todo lo que podría destruirse, el señor Lázaro decidió colocar su nuevo proyecto en donde se encontraba una escuela para niños, en la que aprendían a leer, escribir y compartir con sus maestros, siendo un lugar con una hermosa vista a la ciudad, rodeada de árboles y una linda naturaleza.

La noticia llegó a todos los habitantes de la ciudad y querían ponerse manos a la obra para evitar que la escuela de todos los niños y niñas fuera demolida. Diego, era un estudiante de quinto año de primaria y al escuchar la noticia se entristeció mucho ya que a él le fascinaba ir a la escuela que ahora sería removida para colocar otra fábrica más.

Pasaban los días y las personas no lograban convencer al señor Lázaro, ya que él gobernaba toda la ciudad, dando como solución el construir otra escuela en el centro de la ciudad, pero en este lugar no tendrían todos los enormes árboles, plantas y animalitos que convivían a diario con los alumnos y los maestros.

Diego pasaba las tardes haciendo planes y escribiendo cartas para el señor Lázaro, las cuales nunca eran respondidas. Hasta que una noche mientras miraba el cielo estrellado, vio hacia lo lejos una hermosa y brillante estrella fugaz y sin pensarlo dos veces pidió su deseo.

—Estrellita de la noche, tú que brillas con esplendor, ayúdame a que mi escuela no sea destruida, a que los niños sigamos aprendiendo y que los arbolitos no sean cortados, ahí viven muchas aves y ardillas que comen frutas todos los días. Cumple mi deseo para conseguir mi sueño de algún día ser maestro y poder enseñar en esta, mi amada escuela.

La luz del sol y el aire fresco le daban la bienvenida al señor Lázaro que despertaba en una pequeña casa de madera. Él estaba un poco confuso y distraído. No vestía sus trajes finos y elegantes como siempre sino unos pantalones sueltos, zapatos baratos y una peculiar camisa de color blanco. Sin más salió de este lugar y sus ojos se iluminaron al ver un paraíso con enormes árboles, hermosas flores y grandes cascadas. Pero solo él estaba en ese lugar y se asustó, así que comenzó a caminar en busca de una salida, pero mientras más se adentraba en el bosque, más asustado estaba; hasta que se cansó y decidió sentarse a la orilla de un río a tomar un poco de agua. De pronto, se le acercó una nutria y después dos, tres y luego un gran grupo de ellas estaban a su alrededor y cada una le entregó un pedazo de frutas de los árboles cercanos, como si hubieran organizado su gran picnic. Él, sorprendido les agradeció y compartió con ellas ese gran festín.

Después de un tiempo, el señor Lázaro continuó su camino y detrás de él lo seguían muchos animalitos más. Él observaba los pastos verdes y sintió el olor de la brisa fresca, de vez en cuando se acercaba a tocar una flor y conversar con algún conejo; pero sin darse cuenta que el sol ya comenzaba a esconderse y eso lo llenó de incertidumbre.

De pronto, se topó con un gran letrero hecho de musgo y hojas verdes, de palos enredados y muchas mariposas que tenían escrito "El reino de Gaia" y sin más se adentró a ese lugar misterioso.

El señor Lázaro pensó que aquel lugar lo llevaría de vuelta a casa, pero no fue así, al entrar todo se volvió oscuro, turbio y triste, hacía frio y de nuevo el temor se apoderó de él; quería dar marcha atrás pero no encontraba el camino de regreso, así que solo se quedó sentado bajo las faldas de un gran roble esperando a que amaneciera para continuar su camino y después de un rato se quedó dormido.

De pronto, un fuerte estruendo lo despertó y sintió que la tierra se movía. Se levantó de un salto y la luz de la luna iluminó aquel gran árbol detrás de él. Después, una voz grave y fuerte dijo:

—Te estábamos esperando.

El señor Lázaro lleno de terror corrió lo más rápido que pudo, pero las ramas que invadían el suelo se movieron hacia él, haciéndolo caer y sujetándolo de los pies inmovilizándolo. De pronto, cientos de flores reían a su alrededor y un gran ciervo se le acercó y habló frente a él.

—Hola, señor Lázaro, no tema, que nosotros no somos los malos; al contrario, todos aquí le temen a usted, es una leyenda ¿lo sabía? — dijo el ciervo.

Lázaro solo alcanzaba a mirar a su alrededor, con temor y asombro.

—Bueno, más bien es el cuento de terror que le contamos a las criaturas que viven en este reino — volvió a hablar el imponente animal.

Lázaro tomó fuerzas y con la voz temblorosa preguntó — ¿Me esperaban? ¿Por qué a mí?

—Porque usted es llamado "El Gran Destructor". — Esas palabras causaron un eco en el lugar y todo alrededor tembló.

—Yo solo quiero regresar a casa, no sé qué hago aquí —susurró Lázaro.

—Usted fue llamado por nuestro protector, el gran Lobo Blanco, él quiere verlo en persona, para ir al palacio, ya que llevamos mucho tiempo esperándolo—reiteró la criatura.

Así que sin más, lo escoltaron por un estrecho camino que llevaba a un gigantesco palacio hecho de piedras preciosas y largas lianas secas.

El señor Lázaro no podía comprender aún todo lo que sucedía a su alrededor y mientras observaba el lugar se dio cuenta que cada vez se hacía más sombrío, tenebroso y sucio; un río contaminado se notaba a lo lejos, varias plantas secas y tristes rodeaban el camino, ya no había pajaritos cantando ni nutrias que le llevaran un poco de fruta. De repente, escuchó un fuerte estruendo y volteó la mirada, pero se arrepentiría de haberlo hecho, pues se percató que detrás del ciervo y su manada, caminaban con ellos árboles con grandes rostros y una mirada penetrante la cual estaba dirigida hacia él. No podía creer todo lo que le estaba pasando y solo tenía temor en el corazón, esperando que eso se terminara pronto y lo dejaran irse a su casa, a contarle al mundo lo que le había sucedido para así volverse más famoso y rico con esta historia. Claro, si no llegaban a pensar que estaría un poquito loco.

En la entrada del palacio se encontraba un cedro blanco anunciando la llegada del señor Lázaro que hizo que todos los presentes se detuvieran a mirar.

—El Gran destructor—dijeron muchos, mientras murmuraban entre ellos y uno que otro felino lo miraba fijamente mientras se paseaban frente de él.

El señor Lázaro aún no lograba comprender ¿por qué el desprecio?, y mientras se lo preguntaba, avanzaba más al centro del palacio en dónde todos le abrían paso. Un rosal enorme se encontraba en el centro y Miles le rosas blancas lo miraban tristemente, pero una de ellas sobresalía de entre todas con la mirada turbia y amenazante, roja como el color de la sangre y tan bella que era imposible de no mirar. Su voz cautivadora le dio la bienvenida al gran estrado diciendo:

—Tú, que has pintado los campos verdes de gris; que has arrancado de su hogar al gran colibrí; que contaminas las aguas dulces con veneno y oscureces nuestros cielos todos los días, serás juzgado por la gran corte de Gaia ¡Bienvenido seas! —hablando con una sonrisa de pétalo a pétalo y señaló el paso para los visitantes.

Grande y con olor a tierra, el gran estrado estaba lleno de todas las criaturas posibles, plantas que charlaban entre sí, árboles, arbustos y pajarillos de colores que no dejaban de aletear hasta que un fuerte sonido los hizo quedar en silencio. El gran Lobo Blanco comenzaba su discurso de bienvenida frente al señor Lázaro que, impresionado por la intimidante figura del juez, quedó inmóvil frente a todo el tribunal.

—Lázaro Lingote, fuiste convocado aquí para responder por tus actos en contra de nuestra Madre tierra—gruñó el imponente cánido.

— ¿De qué se me acusa? —preguntó Lázaro titubeante.

—Tiene derecho a guardar silencio, pero me temo Señor Lázaro que aquí en el reino de Gaia no cuenta con un defensor. Tome asiento. —ordenó el Lobo.

Así que justo frente a todos, en un frío e incómodo asiento hecho de paja, el Señor Lázaro se sentó a escuchar, cada vez más convencido que eso no solo era mala suerte si no que realmente no saldría de ese lugar.

Al estrado entró el jurado integrado por representantes de cada especie del reino. El gran Lobo Blanco continuó su discurso, que para él y para todos marcaba la clave para su futuro y el futuro de todos los seres de la Tierra.

—Usted es acusado de destruir nuestro suelo y cielo, de quitar hogares a nuestros animales, talar nuestros árboles, contaminar nuestras aguas y no hacer nada para solucionar cada daño. Ha creado un imperio de fábricas para ustedes los humanos, sin pensar en el daño que van causado al planeta. El pequeño paraíso de Gaia es lo único que nos queda, aquí llega todo lo que se ha perdido en el otro mundo y queremos un pago justo por todo esto—habló con firmeza el Juez.

La cara del señor Lázaro cambió por completo, se veía triste y preocupada; miró a su alrededor; todos los ahí presentes estaban ansiosos por una respuesta. Al fin había comprendido qué sucedía y jamás hubiera imaginado por qué se encontraba en aquel lugar. Su mente recorrió su vida, de cómo había pasado por encima de todo y todos para lograr ser un millonario, sin piedad y sin pensar en los demás. Apenas tuvo fuerzas para querer responder cuando se escuchó una voz distinta venir de un oscuro patio, era el verdugo, el Lobo negro, grande e imponente que recitaba entre cantos de gaviotas su sentencia:

—Tendrás que pagar por todo el daño, redimirte de tus acciones y vivir en carne propia lo que has causado. Te sentenciamos a vivir con raíces en los pies, ramas en las manos, un tronco como cuerpo y hojas a tu alrededor. De hoy en adelante y para el resto de tu vida un Sauce llorón serás. Condenado a vivir bajo tormentas y sequías, plagas y deforestación.

De repente, todo se oscureció aún más; en el fondo solo se escucharon voces de reclamo y enojo en la lejanía. El señor Lázaro se hundía más y más en un pozo vacío, mientras que veía sus manos y pies convertirse en grandes y rugosas ramas y raíces, en su cuerpo sentía calor y frío a la vez y no podía decir ni una palabra. De pronto, despertó; bajo sus finas sábanas, rodeado de sus lindos muros el señor Lázaro abría los ojos desconcertado, mirando y tocando sus brazos y piernas, llorando incluso y a los pocos minutos se dio cuenta que todo había sido un sueño, uno tan real y confuso; así que corrió hacia su ventana para verificar que realmente estaba en casa y en verdad así era. Se vistió con lo primero que encontró entre sus ropas y salió apresurado hacia su oficina, en el camino observaba de nuevo a los pajarillos, pero esta vez les prestaba atención, admiraba las sombras de los árboles en la plaza y le daba paso a una que otra gallina que se topaba por ahí. Y al llegar tomó el contrato que había realizado para la demolición de la escuela y lo hizo pedazos, llamó a todo su equipo de trabajo y dijo:

—A partir de hoy, detendremos todas las producciones de las fábricas, haremos nuevos contratos para que todo eso sea removido y crearemos campañas de reforestación y el cuidado de nuestra Madre tierra. No quitaremos más hogares, ni contaminaremos los suelos, ni el cielo y no le quitaremos a esta ciudad ni a los niños, esa maravillosa escuela llena de verdor y de vida. Así que ¡manos a la obra!

La noticia corrió rápido por toda la ciudad y no tardó en llegar a los hogares más escondidos y por supuesto a los oídos de Diego, que con un salto de alegría gritó a los cuatro vientos que su deseo se había cumplido, mientras abrazaba fuertemente a sus padres, que no tenían idea de lo que decía Diego, pero igual estaban muy felices porque también habría nuevos proyectos para toda la comunidad. ¡Ése era un gran día!

Y así pasaron los días y todo comenzó a tener color en aquel lugar, el fin de mes llegaba y todos estaban preparados, con picos, palas, hachas y demás para reforestar la ciudad, limpiar los ríos, las calles, etc. Todos hacían una excelente labor con la ciudad, y después de ser un hombre tan malo, el señor Lázaro fue querido por todos y en especial por Diego, con quien pronto hizo una gran amistad, y junto con un grupo de pobladores plantaron un sauce llorón en el centro de la ciudad al que nombraron "El gran protector". Aquel árbol le recordaría siempre al Señor Lázaro que todo lo que le ocurra a la Madre tierra les pasará a los hijos de la Tierra.